VARGAS

Uma biografia política

Hélio Silva

Com a colaboração de

Maria Cecília Ribas Carneiro

VARGAS

Uma biografia política

www.lpm.com.br

L&PM POCKET

Coleção **L&PM** POCKET, vol. 375

Este livro foi publicado anteriomente pela L&PM Editores, em 1980, em formato 14 x 21.

Primeira edição na Coleção **L&PM** POCKET: agosto de 2004
Esta reimpressão: maio de 2011

CAPA: Marco Cena sobre foto de Getúlio Vargas, arquivo Hélio Silva/ Conjunto Universitário Cândido Mendes, doação Hélio Silva (detalhe de foto com o crédito "Ed Keffel, 25 de setembro de 1949").
Revisão: Flávio Dotti Cesa e Renato Deitos

ISBN 978-85-254-1340-6

S586v Silva, Hélio
Vargas: uma biografia política / Hélio Silva, Maria Cecília Ribas Carneiro – Porto Alegre: L&PM, 2011.
192 p. – 18 cm (Coleção L&PM POCKET)

1.Brasil-História-Era Vargas.2.Política-Brasil-Getúlio Vargas.3.Vargas, Getulio Dornelles, 1883-1954-Biografia Política.4.Carneiro, Maria Cecília Ribas. I.Título.II.Série.

CDU 981.082/.085
32(81:929Vargas
929Vargas:32(81)

Catalogação elaborada por Izabel A. Merlo, CRB 10/329.

Rua Comendador Coruja, 314, loja 9 – Floresta – 90.220-180
Porto Alegre – RS – Brasil / Fone: 51.3225.5777 – Fax: 51.3221.5380

PEDIDOS & DEPTO. COMERCIAL: vendas@lpm.com.br
FALE CONOSCO: info@lpm.com.br
www.lpm.com.br

Impresso no Brasil
Outono de 2011

Sumário

Prefácio à edição de 1980

Não era fácil a tarefa encomendada pela L&PM Editores. À primeira impressão, O *pensamento político de Vargas* não ofereceria dificuldades ao pesquisador que, em quarenta volumes de História contemporânea, estudou a vida e a obra do personagem que mais demoradamente atuou no cenário nacional.

Mais de meio século de trabalho, nessa busca, bastaria para aplainar o caminho a percorrer.

Quem escreve livros sabe, porém, como se torna árduo condensar, em um volume, nos limites de seu formato, número de páginas, exigências da diagramação, contingências da comercialização, toda a matéria reunida do autor. Sessenta por cento do subsídio selecionado não coube neste trabalho, sacrificado por aqueles imperativos editoriais.

Não somente a quantidade sofreu o corte. Outras dificuldades apresentaram-se. O índice remissivo que acompanha nossos livros faltou pela impossibilidade de mencionar todos os verbetes significativos do texto, sob pena de constituir um anexo volumoso.

Inicialmente, tive a intenção de agrupar os pronunciamentos por assunto. O critério tornou-se de aplicação dificílima, dadas a variedade dos temas e a diversidade das ocasiões.

Optamos pela ordem cronológica que enseja seguir a trajetória política de Vargas desde o início de sua vida pública até o 24 de agosto de 1954, mostrando como agiu dentro de cada situação nacional ou internacional.

Traçamos o perfil político que é antes uma análise que um julgamento.

Transcrevemos, com a indicação precisa das fontes, seus pronunciamentos importantes, desde a saudação do estudante gaúcho ao presidente eleito, Afonso Pena, até a Carta-testamento com que se despede.

Completamos com uma cronologia o conteúdo deste livro.

Não pretendemos ter esgotado a matéria, mas trazer uma primeira contribuição para os estudiosos do pensamento político de Vargas, situado no tempo e nas condições em que viveu.

Esta a contribuição honesta que humildemente apresentamos.

Hélio Silva, abril de 1980

Cronologia de Getúlio Vargas

1883

Abril, 19 – Nasce, em São Borja (RS), Getúlio Dorneles Vargas.

1895

Estudante, em Ouro Preto, é envolvido em um episódio sangrento entre estudantes gaúchos e paulistas.

1898

Alistado no 6º Batalhão de Infantaria, alcança as divisas de 2º sargento. Ingressando na Escola Preparatória de Tática de Rio Pardo, por causa de um acidente disciplinar baixa às fileiras, indo servir no 26º Batalhão em Porto Alegre (RS). Surgindo uma questão de limites do Brasil com a Bolívia, segue, com seu batalhão, para Corumbá (MT), de onde regressa para dar baixa e matricular-se na Escola Brasileira do Prof. Ignácio Montanha, em que os estudantes fundam o *Grêmio Literário 7 de Setembro*. É escolhido como orador.

1906

Aluno da Faculdade de Direito, Getúlio Vargas é o orador dos universitários na recepção a Afonso Pena, presidente eleito da República, em visita ao Estado do Rio Grande do Sul.

1907

Junho, 3 – O Bloco Acadêmico Castilhista, da Faculdade de Direito, lança o jornal acadêmico O *Debate,* de que Getúlio é um dos redatores.
Dezembro – Formado em Direito, Getúlio Vargas é nomeado segundo promotor público.

1922

Outubro, 28 – Deputado estadual e líder do PRR na Assembléia Legislativa, Getúlio Vargas é eleito para a Câmara dos Deputados, na vaga aberta com a morte de Rafael Cabeda.

1923

Janeiro, 25 – Proclamação da quinta reeleição de Borges de Medeiros, sendo Getúlio Vargas o relator do parecer.
– Irrompe movimento revolucionário no RS, em protesto pela posse de Borges.
Julho, 12 – Getúlio Vargas, deputado federal, considera legítima a intervenção de Bernardes no Estado do Rio de Janeiro.

1924

Julho, 5 – Irrompe em SP um movimento revolucionário. É o segundo "5 de julho", origem da Coluna Prestes.

1926

Fevereiro, 24 – Fundação do Partido Democrático de São Paulo.
Novembro, 4 – Irrompe um movimento revolucionário no Rio Grande do Sul em protesto pela posse de Washington Luís na Presidência da República. Forma-se a Coluna Relâmpago.
15 – Washington Luís toma posse na Presidência da República.
– Getúlio Vargas é empossado como ministro da Fazenda.

1927

Fevereiro, 3 – A Coluna Prestes se interna na Bolívia.
Setembro, 27 – Fundação do Partido Democrático Nacional.
Novembro, 25 – Getúlio Vargas e João Neves são eleitos presidente e vice-presidente do Rio Grande do Sul.

1928

Outubro, 22 – João Pessoa toma posse no governo da Paraíba.

1930

Janeiro, 1 – Getúlio Vargas, como candidato à Presidência da República, apresenta sua plataforma de governo em comício na Esplanada do Castelo (RJ).
Novembro, 26 – Júlio Prestes segue para o exílio.
28 – Decreto do Governo Provisório, criando o Ministério do Trabalho, Indústria e Comércio. Nomeado Lindolfo Collor o primeiro titular da pasta.

1932

Janeiro, 11 – *Correio da Manhã* anuncia manifesto do PRP, propalando carta de Borges de Medeiros, intimando Vargas a fazer o retorno imediato ao regime legal.
17 – Publicação de um manifesto do Partido Democrático, rompendo com Getúlio Vargas.
Julho, 9 – Início da Revolução Constitucionalista de São Paulo.
Setembro, 29 – General Eurico Dutra recebe telegrama do QG da D. L., avisando que os paulistas haviam pedido suspensão das hostilidades.
– General Bertholdo Klinger telegrafa a Góes Monteiro, pedindo para indicar o local para onde deve enviar seus emissários.
30 – Vargas informa a Flores da Cunha o fracasso da conferência da pacificação.
– Góes Monteiro informa a Klinger o reinício das hostilidades.
Outubro, 2 – Assinada ata de pacificação entre o governo da União e as forças constitucionalistas.
24 – Olegário Maciel aconselha Getúlio Vargas a suspender os direitos políticos aos autores do movimento revolucionário de 32.
29 – Olegário Maciel insiste, junto a Vargas, na conveniência de serem deportados os cabeças da insurreição paulista.
Novembro, 1 – Chega a Lisboa o navio *Siqueira Campos*, transportando os revolucionários.
20 – Oswaldo Aranha desaconselha Vargas a deportar Borges de Medeiros, que precisa ser conservado preso.
25 – O Congresso Nacional estabelece o estado de sítio em todo o País, com duração de um mês.
27 – Revolta no Rio de Janeiro, do III R. I. e da Escola de Aviação Militar.
28 – Decreto do presidente da República, designando o delegado Belens Porto para presidir o inquérito policial sobre a intentona de 27.
Dezembro, 1 – Início do inquérito Belens Porto.
11 – Sentença do Juiz Federal da 1ª Vara, Edgard Ribas Carneiro, determinando o fechamento da sociedade civil Aliança Nacional Libertadora.

1936

Janeiro, 11 – Carta de Getúlio Vargas a Oswaldo Aranha sobre as medidas de segurança a serem tomadas pelo governo federal para repressão ao comunismo.
Fevereiro, 13 – Concluído o inquérito do Cel. Costa Neto, juiz do T. S. N., relativo ao movimento de novembro de 35.
Março, 5 – Prisão de Luís Carlos Prestes.
11 – Ministro Vicente Rao comparece ao Senado para oferecer aos senadores todas as garantias para o exercício de seu mandato.
21 – Mensagem do governo ao Legislativo, pedindo a prorrogação do estado de sítio.
27 – Mensagem do presidente da República ao Congresso, explicando a prisão de alguns parlamentares no dia 26.
– Reunião do Ministério, em Petrópolis, a fim de tratar do estado de guerra.
30 – Aprovado, no Senado, o parecer do senador Cunha Melo, julgando constitucional o estado de guerra e justificando as prisões dos parlamentares.
Maio, 2 – Esboça-se movimento de pacificação nacional, com o estabelecimento de uma trégua política.
30 – O Partido Trabalhista do Brasil solicita ao Tribunal Superior da Justiça Eleitoral a cassação do registro da Ação Integralista como partido político.
Junho, 22 – Aprovada no Senado a prorrogação do estado de guerra.
Julho, 8 – A Câmara dos Deputados concede licença para processar os parlamentares presos.
Setembro, 8 – Aprovado pelo Senado o projeto da Câmara, criando o Tribunal de Segurança Nacional.
Novembro, 27 – O presidente Roosevelt chega ao Brasil.
Dezembro, 16 – Prorrogado o estado de guerra por mais noventa dias.

1937

Maio, 11– Telegrama de Getúlio Vargas a Benjamin Vargas sobre a necessidade de informar ao ministro da Justiça das violências provocadas por Flores da Cunha, a fim de justificar uma ação do governo federal no Rio Grande do Sul.

24 – A Ação Integralista Brasileira apresenta Plínio Salgado como candidato a presidente da República.

25 – José Américo é escolhido como candidato à sucessão presidencial na Convenção Nacional instalada no Palácio Monroe (RJ).

Junho – Criação da Carteira de Crédito Agrícola e Industrial do Banco do Brasil.

Agosto, 19 – Telegrama do general Daltro Filho a Getúlio Vargas, avisando da intenção do governador do Rio Grande, Flores da Cunha, em resistir a qualquer ataque e informando sobre a situação de oficiais da III R. M.

Setembro, 21 – Conferência telegráfica de Flores da Cunha com amigos de São Paulo sobre a necessidade de se manter em sigilo o apoio que lhe davam os integralistas.

Setembro, 27 – Reunião de generais, convocada pelo ministro da Guerra, para deliberar sobre a atitude das Forças Armadas.

Outubro, 1 – O presidente da República assina decreto, exonerando o Cel. J. D. Canabarro Cunha do Comando da Brigada Militar do Rio Grande do Sul.

– Câmara dos Deputados aprova mensagem do Executivo, pedindo a decretação do estado de guerra.

2 – Aprovado no Senado o pedido de estado de guerra.

7 – Criada, por decreto, a Comissão Executiva do estado de guerra. Nos estados, exceto São Paulo e Rio Grande do Sul e no Distrito Federal, os executores serão os governadores.

8 – Generais Pargas Rodrigues, em SP, e Daltro Filho, no Rio Grande do Sul, e o capitão Filinto Müller, no DF, serão executores do estado de guerra.

17 – Telegrama de Benjamin Vargas a Getúlio Vargas – Flores da Cunha entregou a Brigada do Rio Grande do Sul ao gen. Daltro Filho; o Diretório do Partido Libertador apóia incondicionalmente o governo federal.

19 – Decretada a intervenção federal no RS. O Gen. Daltro Filho é o interventor.

Novembro, 9 – Francisco Campos substitui José Carlos de Macedo Soares no Ministério da Justiça.
10 – Implantação do Estado Novo. Adotada nova Constituição.
13 – Nota do ministro da Guerra, Gen. Dutra, à imprensa, dizendo que os acontecimentos políticos do Brasil se processam sem imposição das Forças Armadas.
– Extinta a Justiça Eleitoral.
22 – Decreto do presidente da República, cassando as honras do posto de general-de-divisão e general-de-brigada concedidas a Flores da Cunha.
24 – Decretada intervenção em todos os estados, à exceção de Minas Gerais.
Dezembro, 3 – Dissolvida, por decreto-lei, a Ação Integralista Brasileira.
23 – Decreto-lei nº 97, tratando do monopólio governamental de câmbio, através do Banco do Brasil.

1938

Janeiro, 3 – DIP dá publicidade ao discurso de Getúlio Vargas na passagem do ano, ressaltando a decisão de libertar o País de sua dependência aos agentes das finanças internacionais.
– Publicação do decreto de 30 de dezembro de 1937, que regula a transformação dos partidos políticos em sociedades culturais beneficentes.
6 – Getúlio Vargas assina decreto-lei, regulando a instituição do júri.
7 – Getúlio Vargas concede, no RS, entrevista à imprensa, na qual declara que "nada terá feito se o plebiscito for contrário à Constituição"; que apenas capitais e não empresas estrangeiras serão aceitas para a siderurgia; que nossa política internacional permanecerá fiel ao pan-americanismo; e que "não tratará do preenchimento da interventoria gaúcha".
Fevereiro, 7 – Proibidas, em todo o território nacional, as transmissões radiofônicas e os jornais e as revistas de língua estrangeira.
10 – Ministro do Trabalho assina portaria, regulando a nacio-

nalização das empresas de seguros, nos termos do art. 145 da Constituição.

19 – Getúlio Vargas, em nova entrevista, concedida em Petrópolis (RJ), ressalta entre problemas e realizações do Estado Novo a preocupação com a implantação da siderurgia brasileira.

29 – Getúlio Vargas assina decreto, criando o IPASE.

Março, 3 – Assinada por Getúlio Vargas a nova lei das consignações em folha do funcionalismo público.

8 – Getúlio Vargas assina o decreto nº. 300, isentando de direitos alfandegários o papel de imprensa e condicionando sua aquisição pelos jornais à autorização do ministro da Justiça.

10 – Conselho Técnico de Economia e Finanças do Ministério da Fazenda inicia estudos sobre siderurgia.

Abril, s/d – Getúlio Vargas encarrega o Conselho Técnico de estudar as sugestões enviadas ao governo sobre siderurgia e exportação de minério de ferro.

11 – Getúlio Vargas assina decreto-lei, determinando que as jazidas de petróleo e gases naturais pertencem à União e aos estados.

14 – Francisco Campos envia a Getúlio Vargas estudo propondo restrições às concessões dadas à Itabira e concluindo pelo condicionamento da exportação de minérios de ferro à instalação no País de uma grande siderúrgica a ser financiada por capitais europeus

19 – Getúlio Vargas assina decreto proibindo os partidos políticos estrangeiros de funcionarem no Brasil, submetendo a imprensa estrangeira à censura e as escolas estrangeiras à fiscalização do governo.

22 – Getúlio Vargas concede entrevista coletiva à imprensa, em S. Lourenço (MG), abordando o problema siderúrgico, o projeto de lei do salário mínimo, as realizações econômico-sociais do Estado Novo e os objetivos de sua implantação.

29 – Getúlio Vargas assina decreto, criando o Conselho Nacional do Petróleo e regulando a importação, exportação, transporte, a distribuição e o comércio de petróleo, bem como racionalizando a indústria de refinação do produto.

Maio, 1 – Getúlio Vargas assina decreto, regulamentando o

salário-mínimo e isentando de impostos as casas destinadas ao operariado.

5 – Getúlio Vargas assina decreto, regulamentando a entrada de estrangeiros no Brasil.

6 – Ministro da Fazenda convoca o Conselho Técnico de Economia e Finanças para estudar a implantação da grande siderurgia.

11 – Levante integralista com ataques ao Palácio Guanabara, Ministério da Marinha e residências de várias autoridades.

– Getúlio Vargas assina decreto-lei, regulamentando o funcionamento das escolas de ensino superior.

13 – Getúlio Vargas discursa no Palácio do Catete, atacando o integralismo, na grande manifestação em solidariedade à sua pessoa.

16 – Getúlio Vargas assina o Decreto-lei nº 428, representando o processo e o julgamento dos crimes contra a segurança nacional.

17 – Assinado decreto presidencial que regulamenta a aplicação da pena de morte.

Setembro, 7 – Getúlio Vargas, discursando à Nação, prega a correção das desigualdades de classe, a luta contra as ideologias extremistas e louva a dissolução dos quistos raciais.

Dezembro, 13 – Na Conferência de Lima, Argentina e Uruguai apóiam a tese brasileira contra a formação de minorias raciais na América.

14 – Getúlio Vargas assina decreto-lei, estabelecendo medidas para promover a assimilação dos estrangeiros no Brasil e a eliminação dos quistos raciais.

1939

Janeiro, s/d – Major Edmundo Macedo Soares é enviado à Europa para negociar investimentos da Siderurgia Nacional e a colocação de nossos minérios no mercado europeu.

Junho, s/d – A United States Steel envia ao Brasil uma missão técnica para analisar a viabilidade de construção de uma usina siderúrgica, missão que é ampliada com a incorporação de especialistas nacionais.

Julho, 17 – Getúlio Vargas discursa na Fábrica de Piquete, ressaltando a importância do aparelhamento das Forças Armadas e o papel da siderurgia na consecução desse objetivo.
Novembro, 10 – Getúlio Vargas discursa na abertura da Conferência Nacional de Economia e Administração, abordando a luta pela implantação no País da indústria de aço.

1940

Janeiro, s/d – Carta de Alzira Vargas ao embaixador Carlos Martins, em Washington, transmitindo orientação do presidente da República de que não devem, de forma alguma, as negociações sobre a indústria siderúrgica ser condicionadas ao pagamento de nossa dívida externa.
18 – Getúlio Vargas telegrafa a Carlos Martins, reafirmando existência por parte de outros países, além dos Estados Unidos, de oferecimento de colaboração na siderurgia brasileira e considerando inaceitável a vinculação desta questão ao pagamento de nossa dívida externa.
Fevereiro, 15 – Getúlio Vargas escreve a Carlos Martins, pondo-o a par da decisão do governo – tomada em face do insucesso nas gestões junto à U. S. Steel – de constituir uma empresa de capital nacional para a implantação da siderurgia e solicitando-lhe empenho na obtenção de crédito do *Eximbank,* unicamente para a aquisição de equipamento para a usina de aço.
Março, 4 – Decreto-lei nº 2054, criando a Comissão Executiva do Plano Siderúrgico Nacional, a quem caberá constituir uma companhia de capital nacional para a construção e exploração da usina siderúrgica.
12 – Vargas, em entrevista em Porto Alegre, enumera as realizações e projetos do Estado Novo, dando ênfase à implantação da siderurgia e à exploração do carvão e petróleo nacionais.
Junho, 5 – Reunião ministerial presidida por Vargas aprova ampla colaboração com os Estados Unidos.
11 – Getúlio Vargas, em discurso considerado simpático ao fascismo, pronunciado a bordo do Minas Gerais, manifesta-se partidário das mudanças sociais, econômicas e políticas.
12 – Carta de Summer Welles ao presidente Roosevelt, esclare-

cendo o mal-entendido criado em torno do discurso de Vargas.
13 – Telegrama de Getúlio Vargas a Carlos Martins, afirmando que seu discurso não pode ser considerado como de oposição ao do presidente Roosevelt, pronunciado no dia 10.
– Telegrama do embaixador Caffery ao secretário de Estado Cordell Hull, informando que Getúlio Vargas enviou, por intermédio do DIP, uma declaração às agências de notícias, esclarecendo as críticas que proliferaram contra seu discurso de 11 de junho.
14 – A imprensa publica carta do DIP, reafirmando o alinhamento brasileiro aos EUA e às demais nações americanas e a neutralidade do País em face da guerra na Europa.
Junho, 24 – Telegrama de Caffery a Summer Welles, transmitindo a preocupação de Getúlio Vargas com a presença dos cruzadores norte-americanos *Quincy* e *Wichita* nas costas do Brasil.
29 – Getúlio Vargas discursa na Ilha de Viana, reafirmando os conceitos emitidos em seu controvertido pronunciamento a bordo do *Minas Gerais.*
Setembro, 21 – Em reunião convocada por Getúlio Vargas reitera-se a decisão de conceder todas as facilidades aos Estados Unidos em caso de agressão.
Outubro, 3 – Decreto-lei nº. 2666, que cria o Conselho Nacional de Minas e Metalurgia.
Novembro, 11 – Getúlio Vargas discursa no Aeroporto Santos Dumont, nas comemorações dos dez anos de governo, registrando a importância dos passos dados em direção à industrialização do País: a descoberta do petróleo, o incremento da produção carbonífera e a implantação da siderurgia.
26 – Brasil e Estados Unidos chegam a um acordo para a concessão de empréstimo norte-americano para a construção da usina de Volta Redonda.
Dezembro, 14 – Getúlio Vargas convoca o Ministério para uma reunião a fim de discutir medidas de represálias contra a Inglaterra, tendo em vista o apresamento do navio mercante *Siqueira Campos.*
31 – Getúlio Vargas discursa às Forças Armadas, reafirmando nossa soberania quanto às decisões internas e nossa neutralidade diante da guerra.

1941

Janeiro, 25 – Decreto-lei nº. 2983, que determina a internação de pessoas pertencentes às forças beligerantes que penetrem em território nacional.

27 – Decreto-lei nº. 2986, que impede que portos nacionais e águas territoriais sejam utilizados como bases de operações bélicas.

Julho, 10 – Roosevelt escreve a Getúlio Vargas, informando que os EUA enviarão tropas para a Islândia por solicitação do governo daquele país e pedindo a participação brasileira na defesa do hemisfério.

Agosto, 21 – Getúlio Vargas orienta Oswaldo Aranha a que informe o governo americano que, em caso de serem satisfatórias as negociações com a Holanda, o Brasil estaria disposto a colaborar na ocupação do Suriname.

Outubro, 1 – Assinado em Washington o acordo de empréstimo e arrendamento entre Brasil e EUA.

– Brasil e EUA firmam acordo relativo ao fornecimento de informações e artigos de defesa, em cooperação para a segurança do continente.

Novembro, 24 – O governo americano anuncia a ocupação do Suriname, de acordo com a Holanda e o Brasil.

Dezembro, 8 – Getúlio Vargas reúne o Ministério para decidir a atitude brasileira face ao ataque a Pearl Harbour. É resolvido, por unanimidade, declarar solidariedade aos EUA.

31 – Getúlio Vargas discursa em banquete das Forças Armadas, situando o Brasil em face do conflito europeu e focalizando o ataque japonês aos EUA.

1942

Janeiro, 7 – Roosevelt escreve a Getúlio Vargas, agradecendo as facilidades dadas pelos brasileiros para manterem o corredor aéreo para a África e a utilização dos portos e campos de aviação no Nordeste, para operação de patrulha.

15 – Instala-se no Rio de Janeiro a III Reunião de Consulta dos Ministros das Relações Exteriores das Repúblicas Americanas. Oswaldo Aranha é eleito o presidente da Conferência do Rio de Janeiro.

28 – Encerramento da Conferência dos Chanceleres. O Brasil rompe relações diplomáticas com os países do eixo.

– Roosevelt escreve a Getúlio Vargas, expressando a gratidão dos povos do continente pela atuação do Brasil na Conferência do Rio de Janeiro.

Fevereiro, 20 – O Brasil formula protesto oficial junto ao governo alemão, por intermédio de Portugal, pelos atentados contra a navegação brasileira.

Março, 9 – Telegrama de Getúlio Vargas a Souza Costa (em Washington) para que pressione os americanos quanto às medidas de proteção à nossa marinha mercante.

11 – Decreto-lei nº 4166, que dispõe sobre indenizações devidas por atos de agressão contra bens do Estado brasileiro ou contra a vida e os bens de brasileiros ou de estrangeiros residentes no Brasil.

Maio, 1 – Getúlio Vargas sofre acidente de automóvel na praia do Flamengo (RJ).

Agosto, 22 – Getúlio Vargas reúne o Ministério e é declarado o estado de beligerância com a Alemanha e Itália.

31 – O governo brasileiro formaliza a declaração de guerra à Alemanha e Itália.

Dezembro, 31 – Getúlio Vargas discursa em almoço oferecido pelas Forças Armadas, resumindo os motivos que nos levaram à guerra.

1943

Janeiro, 29 – Encontram-se, em Natal, Roosevelt e Getúlio Vargas.

Maio, 1 – Getúlio Vargas discursa aos trabalhadores – batalha da produção e repulsa ao integralismo.

Novembro, 10 – Getúlio Vargas, discursando na Esplanada do Castelo (RJ), declara que o reajustamento político da Nação só virá após a guerra e critica os movimentos de oposição.

Dezembro, 29 – Decreto-lei nº 6144, instituindo o 2º Plano Qüinqüenal de Obras e Serviços.

1945

Janeiro, 22 – Reunião do Ministério com Getúlio Vargas, em Petrópolis, para entregar o estudo sobre as modificações constitucionais relativas aos órgãos de representação.

Fevereiro, 22 – Entrevista de José Américo ao *Correio da Manhã*. É o fim da censura à imprensa, durante o Estado Novo.

28 – Getúlio Vargas assina a Lei Constitucional nº 9, que prevê eleições, com data a ser marcada dentro de noventa dias.

Março, 9 – Instalação da Comissão do Código Eleitoral.

14 – Getúlio Vargas comunica ao General Dutra o desejo de fazê-lo seu sucessor.

Abril, 1 – Decreto-lei nº 7474, concedendo anistia a todos os presos políticos.

Maio, 1 – Discurso de Getúlio Vargas, criticando a oposição e se mostrando favorável à candidatura Dutra.

28 – Decreto-lei, fixando as eleições presidenciais e parlamentares para 2 de dezembro próximo e as eleições estaduais para 6 de maio de 1946.

Junho, 6 – O Brasil declara guerra ao Japão.

21 – Assinado o Decreto-lei nº. 7666 (lei antitruste).

Julho, 18 – Regressa ao Rio de Janeiro o 1º Escalão da FEB.

Agosto, 13 – Marcha de trabalhadores "queremistas" do Russel ao Catete.

Setembro, 10 – Decreto de anistia aos culpados de crime de injúria ao poder público.

Outubro, 3 – Discurso de Getúlio Vargas no Palácio Guanabara (RJ) a adeptos do queremismo, afirmando solenemente não ser candidato.

10 – Decreto-lei nº 8063, que antecipa as eleições estaduais para 2 de dezembro, junto com as presidenciais.

– Getúlio Vargas discursa em Santa Cruz (RJ), declarando ser dever dos trabalhadores a participação na vida política do País.

29 – Queda de Getúlio Vargas. Posse de José Linhares na Presidência da República.

Novembro, 25 – Manifesto de Getúlio Vargas, determinando a seus correligionários o apoio à candidatura Dutra.

1949

Março, 8 – Em entrevista ao *Correio do Povo,* Getúlio Vargas diz que não será candidato.

Junho, 22 – Getúlio Vargas declara-se favorável à *fórmula Jobim.*

Julho, 10 – Getúlio Vargas aconselha a bancada do PTB paulista a prestigiar o governador Adhemar de Barros, rejeitando o seu *impeachment.*

Agosto, 2 – PSD, UDN e PR indicam Cilon Rosa para emissário junto a Getúlio Vargas.

9 – Encontro de Cilon Rosa com Getúlio Vargas em São Borja.

Novembro, 14 – A Convenção do PTB paraibano lança a candidatura de Getúlio Vargas à Presidência da República.

Dezembro, 13 – Adhemar de Barros conferencia com Getúlio Vargas na fazenda de Santos Reis (RS).

1950

Abril, 30 – Getúlio Vargas dirige mensagem aos trabalhadores.

Maio, 31 – O ministro da Guerra, general Canrobert Pereira da Costa, desaconselha a candidatura Getúlio Vargas.

Junho, 6 – O Diretório Nacional do PTB resolve encaminhar à Convenção Nacional o nome de Getúlio Vargas.

7 – Getúlio Vargas envia carta a Salgado Filho, propondo um reexame da situação sucessória.

15 – João Neves declara que apoiará a candidatura Getúlio Vargas.

16 – Homologada pela Convenção Nacional do PTB a candidatura Getúlio Vargas.

Julho, 26 – O PTB dá entrada do registro da candidatura de Getúlio Vargas junto ao TSE.

Agosto, 6 – Adhemar de Barros (PSP) lança em Natal a candidatura Café Filho para a Vice-Presidência da República.

9 – Getúlio Vargas discursa em Porto Alegre, dando início à sua campanha eleitoral que percorrerá todo o País.

Setembro, 30 – Getúlio Vargas discursa em São Borja, encer-

rando sua campanha eleitoral, depois de visitar 69 cidades em 19 estados e o Distrito Federal.
Outubro, 3 – Getúlio Vargas é eleito presidente da República.

1951

Janeiro, 18 – A Justiça Eleitoral proclama Getúlio Vargas e João Café Filho presidente e vice-presidente da República.
23 – Diplomados no TSE o presidente e o vice-presidente da República.
– O Conselho Nacional do PSD resolve apoiar o governo Getúlio Vargas.
24 – Hugo Borghi encontra-se com Getúlio Vargas, propondo a fusão do PTB com o PST.
31 – Getúlio Vargas concede entrevista coletiva à imprensa e anuncia Ministério.
– Posse de Getúlio Vargas.
Junho, 19 – Mensagem de Getúlio Vargas ao Congresso Nacional, propondo a criação do Serviço Social Rural.
Agosto, 8 – Mensagem de Getúlio Vargas ao Congresso Nacional, propondo a criação do Plano Nacional do Carvão.
Outubro, 25 – Mensagem de Getúlio Vargas ao Congresso Nacional, propondo a criação do Banco do Nordeste do Brasil.
Novembro, 26 – Lei nº 1474, instituindo o Fundo de Reaparelhamento Econômico.
Dezembro, 6 – Mensagem de Getúlio Vargas ao Congresso Nacional, propondo a ampliação do Fundo Rodoviário Nacional.
8 – Mensagem de Getúlio Vargas ao Congresso Nacional, propondo o Programa do Petróleo Nacional e a criação da Petrobrás.
21 – Getúlio Vargas assina decreto, tratando do reaparelhamento dos portos nacionais.
24 – Getúlio Vargas assina a nova lei do salário mínimo.

1952

Janeiro, 4 – Getúlio Vargas assina decreto, dispondo sobre o retorno do capital estrangeiro.

Fevereiro, 7 – Mensagem de Getúlio Vargas ao Congresso Nacional, propondo a criação do Banco Nacional de Desenvolvimento Econômico (BNDE).
Abril, 28 – Mensagem de Getúlio Vargas ao Congresso Nacional, propondo a criação do Instituto Nacional de Imigração e Colonização (INIC) e a Carteira de Colonização do Banco do Brasil.
Junho, 13 – Getúlio Vargas aprova o projeto da Comissão Mista Brasil-EUA para a compra de equipamentos destinados à indústria da Usina Hidrelétrica de Itutinga (MG).
27 – Getúlio Vargas assina decreto, criando, no Ministério da Aviação, a Comissão de Coordenação e Desenvolvimento dos Transportes.
30 – Getúlio Vargas exara despacho, autorizando o Instituto do Açúcar e do Álcool a requisitar metade da produção de cachaça para transformação em álcool anidro, visando à aplicação industrial.
Julho, 4 – Getúlio Vargas assina ato, assegurando o preço mínimo do café.
17 – Mensagem de Getúlio Vargas ao Congresso Nacional, propondo a criação da Cia. Nacional de Seguro Agrícola.
Setembro, 2 – Getúlio Vargas sanciona lei do Congresso Nacional, proibindo a exigência do atestado de ideologia.
Outubro, 3 – Getúlio Vargas assina decreto, criando no IAPI a Carteira de Acidentes do Trabalho e outros benefícios aos segurados do mesmo Instituto.
16 – Mensagem de Getúlio Vargas ao Congresso Nacional, acompanhada de projeto de lei que dispõe sobre a instituição do salário adicional para os que trabalham em condições de perigo e insalubridade.

1953

Janeiro, 5 – Getúlio Vargas sanciona a nova lei que define os crimes contra o Estado e a ordem política e social.
6 – Getúlio Vargas sanciona a lei do Plano de Valorização da Amazônia.
Fevereiro, 25 – Jânio Quadros é eleito prefeito de São Paulo.

1954

Abril, 10 – Mensagem de Getúlio Vargas ao Congresso Nacional, propondo o Plano Nacional de Eletrificação.
Agosto, 5 – Atentado da rua Toneleros.
9 – Afonso Arinos reclama, da tribuna da Câmara, a renúncia de Getúlio Vargas.
22 – Brigadeiros reunidos no Clube da Aeronáutica dirigem nota ao presidente da República.
24 – A Secretaria da Presidência da República distribui nota, dizendo que Getúlio Vargas resolveu entrar em licença.
– Suicídio de Getúlio Vargas.

Perfil político de Getúlio Vargas

Getúlio Dorneles Vargas nasceu a 19 de abril de 1883, na pequena cidade de São Borja, à margem do rio Uruguai, na fronteira com a Argentina. Fundação jesuítica do século XVII, *a missão* foi plantada na paisagem monótona dos pampas seguindo a linha arquitetônica característica: a praça principal, quadrada, ladeada pela igreja de uma torre e casas acachapadas de janelas largas e telhados de beirais. Nessa praça ainda existe a casa onde nasceu Getúlio. Era propriedade de um irmão de sua mãe, onde se hospedava seu pai, Manoel do Nascimento Vargas, herói da guerra do Paraguai.

Um de seus biógrafos – Paulo Frischauer – escreveu que a criança que nasceu deveria ter sido registrada sob o nome de Getúlio Dorneles Bueno. Pois quando José de Vargas Bueno, descendendo do bandeirante Francisco de Paula Bueno e da espanhola Ana Joaquina de Vargas, radicou-se na cidade de Passo Fundo, no Rio Grande do Sul, já havia decidido esquecer o sobrenome de seu pai. Este, segundo constava das crônicas familiares, não se havia comportado como um autêntico cavalheiro com Dona Ana Joaquina.

Manoel do Nascimento Vargas negava o fato, justificando, sem muita convicção, a mudança do sobrenome por algumas razões de ordem migratória. Ignora-se se foi ele próprio, republicano desde a juventude, ou José Evaristo quem aboliu o *de* indicativo de nobreza que antecedia o *Vargas.*

Pesquisadores, que enxamearam quando Getúlio Vargas ascendeu à Presidência, procuraram levantar a árvore genealógica de condes espanhóis, vinda de séculos.

Getúlio desinteressou-se do assunto: "Nesta matéria de genealogia é melhor não aprofundar muito, porque às vezes pode-se ter a surpresa de acabar no mato (índios) ou na cozinha (negros)".

Manoel do Nascimento Vargas foi cabo na guerra do Paraguai. Esposando Cândida Dorneles, em 1872, ligou-se a uma família de origem portuguesa, dos Açores, arrolada entre os fundadores de Porto Alegre. Foi o avô de Getúlio, major-de-milícia Serafim Dorneles, que, visitando São Borja, em viagem de negócios, não quis mais voltar à Capital da Província, formando fazenda e tornando-se um dos mais ricos estancieiros da região. Sua filha, Cândida, casando-se com Manoel do Nascimento Vargas, foi morar no vilarejo de Triunfo, onde nasceram seus três primeiros filhos: uma menina que não sobreviveu, Viriato e Protásio. O casamento reunira o chefe do Partido Republicano em São Borja e o comandante dos federalistas. Cândida seguiu o marido, pura e simplesmente. A luta continuou até que Getúlio, eleito presidente do Rio Grande do Sul, unificou a política de seu estado, formando a Frente Única com que se apresentou à sucessão de Washington Luís.

Menino, freqüentou a escolinha de mestre Fabriciano Braga da missioneira São Borja. Depois, seguiu seus irmãos mais velhos que estudavam em Ouro Preto e com 12 anos fazia parte da *República Farroupilha,* quartel-general dos estudantes gaúchos naquela cidade universitária mineira. Um incidente de rua, entre um moço da família paulista Prado e Viriato, degenerou em conflito entre estudantes paulistas e gaúchos, quando foi mortalmente ferido o moço paulista. Instaurado o processo, Viriato foi impronunciado. Mas ele e seus irmãos, inclusive Getúlio, que não tomara parte na contenda, tiveram de retirar-se de Ouro Preto.

Voltando a São Borja, Getúlio alistou-se, mais tarde, no 6º Batalhão de Infantaria, visando ao ingresso na Escola Preparatória e de Tática de Rio Pardo. Aos quinze anos, alcançava as divisas de 2º sargento e a autorização do ministro da Guerra para ingressar na Escola Militar. Outra luta, a que estava alheio, mas na qual também foi envolvido, uma pequena indisciplina de estudantes, reclamando contra a falta de água no alojamento, provocou o desligamento de 20 alunos, entre os quais Getúlio. Rebaixado às fileiras, foi servir no 25º Batalhão, com sede em Porto Alegre.

Desanimado de seguir a carreira militar, requereu exame de saúde para ter baixa. Foi quando uma questão de limites ameaçou desencadear a guerra entre o Brasil e a Bolívia. O 25º Batalhão de Infantaria recebeu ordem de acampar em Corumbá, Mato Grosso, e aguardar os acontecimentos. Getúlio segue com seu batalhão. As desfilar pelas ruas de Porto Alegre ele avista, pela última vez, a figura de um homem que nunca esquecerá: Júlio de Castilhos.

Assinado o tratado de Petrópolis, afastado o fantasma guerreiro, restou de tudo uma experiência desalentadora, estampada na carta enviada a Martim Gomes, datada de 27 de abril:

"Trazia a alma cheia de ilusões porque julgava vir defender a minha pátria e, portanto, tinha a satisfação íntima de quem cumpria o meu dever. Não conseguiu abaterme o péssimo passadio que tive a bordo, dormindo ao relento, acordando encharcada a roupa no corpo, comendo mal, além de outros pormenores; porém, grande foi a minha desilusão quando vi, ao chegar aqui, que isto não passava de um simples arreganho e que nós, como meros instrumentos, tínhamos sido atraídos aqui para servir de espantalho, da mesma maneira que se coloca um chapéu velho e esfarrapado em cima de um pau, para espantar os passarinhos que querem entrar em uma roça. Foi contra esta verdade, que tem a dureza do granito, que veio quebrar-se o castelo dourado das minhas ilusões. Os teus serviços diplomáticos, porém, podem ser utilizados pelo barão do Rio Branco, pois a espada cedeu lugar à pena e poderá entrar em ação tanto na balança da paz como na da guerra".

Não era fácil conseguir baixa. O engajado ficava na tropa indefinidamente, ou até que conseguisse escapar, quase sempre depois de uma inspeção médica de favor. Getúlio foi dado por incapaz, com o diagnóstico falso de epilepsia.

Começava, outra vez, uma vida diferente. Matriculou-se na Escola Brasileira, dirigida pelo professor Ignácio Montanha, preparando-se para o vestibular de Direito. Despontavam novas amizades que o acompanharão: José Picorelli, Renato Barbosa, Martim Gomes Dutra, Firmino Paim Filho... Os preparatorianos fundam o Grêmio Literário 7 de Setembro e escolhem Getúlio para orador.

A vida estudantil dividia-se entre a *Republicana Infernal,* como era conhecida a pensão de Francisco Medeiros de Albuquerque, na rua do Riachuelo, e as aulas e tertúlias acadêmicas, em que sobressaíam ainda Alziro Marinho, Francisco Leonardo Truda, Firmino Paim Filho, Antônio Fernandes, Henrique Rupp Júnior, Oswaldo Fernando Vergara e Francisco Rudolfo Sinch.

Não era, apenas, a literatura que motivava os estudantes. Foi por essa ocasião que Afonso Pena, presidente eleito da República, visitou o estado. O governo organizara um programa oficial, esquecendo-se dos estudantes. Estes, em represália, reuniram-se em assembléia e decidiram não comparecer a nenhuma solenidade em que estivesse presente o presidente do estado, Borges de Medeiros.

Uma das solenidades era a visita à Faculdade de Direito. O diretor da faculdade recebeu um ofício assinado pelos acadêmicos Euribíades Dutra Vila e Getúlio Vargas, comunicando a resolução dos estudantes de não assistirem à recepção. Ao mesmo tempo, uma comissão procurava o presidente Afonso Pena para pedir-lhe que aceitasse uma homenagem direta dos estudantes com *marche-aux-flambeaux.*

A festa realizou-se a 15 de agosto. Getúlio foi o orador escolhido. E faz o seu pronunciamento em público, face a um presidente da República eleito:

"Isto é um protesto da juventude. Em nome do livre pensamento.

"Ao receber delegação da mocidade das academias para saudar a V. Exa., seja a consideração da força e da juventude que ela representa um fluido galvânico, alterando-se à posição de independência que deve ser mantida por esses que, simples espectadores dos fatos presentes, serão os juízes do futuro. (...)

"... Quantas causas de estagnação pesam sobre um país novo, exaurido pela captação e fisco, sopeando o livre desenvolvimento das atividades industriais! Amarga resultante para quem se vê coato a comprar manufaturados no estrangeiro, os gêneros da própria matéria-prima que exporta. (...)

"A lei não é o arbítrio do legislador; esta nada mais faz do que reconhecer as necessidades gerais, garantir-lhes o desenvolvimento, aplainando as dificuldades que lhes possam sopear a marcha progressiva."

Paulo Frischauer, escrevendo a biografia de Vargas, realizou uma pesquisa junto ao professor Jacinto Gomes, da Faculdade de Medicina de Porto Alegre, companheiro de mocidade de Getúlio. Indagara quais os homens políticos que teriam influído na formação do futuro governante. O professor Jacinto Gomes indicou, naturalmente, Júlio de Castilhos e mais Pinheiro Machado. Sobre este, recordou que Getúlio, saudando-o quando visitava o estado natal, em 1907, proferiu uma sentença que poderia lhe ser devolvida, mais tarde, na qual traçava um auto-retrato: "a atitude de V. Exª. (Pinheiro Machado) na política da República tem sido esperar a marcha dos acontecimentos, colocando-se à frente deles, para guiá-los".

Outra amizade que o acompanhará até a morte é a de um estudante recém-chegado a Porto Alegre em maio de

1905, João Neves da Fontoura, filho do chefe republicano de Cachoeira e amigo íntimo do presidente do estado, Borges de Medeiros. O peso e a estatura equivalentes faziam com que pudessem vestir as mesmas roupas, segundo a opinião do alfaiate de Júlio de Castilhos, Fernando Pettersen, que a mocidade fanática do guia político adotou. Mas ele acrescentava que, se as medidas eram iguais, os temperamentos eram opostos como champanhe e conhaque.

Nas salas de aulas, nas bibliotecas e livrarias, Neves falava. Vargas ouvia. Nos salões de bilhar, o futuro líder da Aliança Liberal jogava comentando, em voz alta, cada lance. Getúlio, marcando, facilmente, muitos pontos em cada tacada, quedava-se calado, o taco entre as mãos, o charuto já posto na boca, o único confidente, o desrecalque, a válvula de escape...

O pequeno quarto da pensão ostentava a estante com os autores preferidos: Darwin, Kant, Nietzsche, Spencer, Carlyle, Baudelaire, Zola. Getúlio escreveu um ensaio sobre o chefe do naturalismo. O tema escolhido foi *Renouveler ou périr!* Os nacionais compareciam com Euclides da Cunha e Raul Pompéia.

O Rio Grande do Sul ainda estava fundamente dividido pelas lutas sangrentas. A faculdade tinha o seu *Bloco Acadêmico Castilhista.* Esse grupo lança, a 3 de junho de 1907, *O Debate,* anunciado maternalmente pela *Federação.* O próprio Borges de Medeiros designa o diretor, que foi Firmino Paim Filho. Os redatores foram Getúlio Vargas, João Neves, Maurício Cardoso, Manoel Duarte e Jacinto Godói.

A luta de Borges com Fernando Abbott foi a grande oportunidade dos novos combatentes. Defendendo o candidato do Partido Republicano, Getúlio Vargas explorou a versatilidade de Abbott, que mudara de partido: "Dentro de que partido se achava o Dr. Abbott às 2 horas da tarde?". Não apenas nas colunas dos jornais travava-se a disputa. Porque nos comícios de praça pública revezavam-se os oradores de uma e outra tendências. O deputado federalista Pedro Moacir, considerado um dos maiores oradores gaúchos do seu tempo, foi a Porto Alegre em campanha. Era preciso impedir o sucesso que o renome do orador prognosticava. Os estudantes do Grêmio e os redatores de *O Debate* compareceram com o intuito deliberado de perturbar a reunião. Mas os berros de seus apartes eram abafados pelos aplausos. Tentaram apartear Pedro Moacir, mas foram impotentes à ágil esgrima mental do parlamentar.

Foi quando, aproveitando uma pausa propiciatória, alguém disparou um tiro para o chão. Um tiro só, não era comum naquelas plagas... Toda gente receou que outro tiro respondesse, generalizando-se o tiroteio. Em vão os mais calmos tentaram conter o estouro da multidão. Ninguém mais ouvia a voz sonora e as frases bonitas do deputado Moacir...

Também correram os estudantes e redatores de *O Debate*. Quando se encontraram em lugar seguro, indagaram entre si quem teria sido o autor do tiro, porque o disparo, com segurança, partira do meio deles. Só um não falava, porque sorria com o melhor humor. Conta Frischauer* que os outros lhe perguntaram diretamente se havia sido ele. Não respondeu sim ou não. Riu mais alto e perguntou, por sua vez: "Tínhamos projetado mandar pelos ares a manifestação da oposição? Foi pelos ares ou não?".

O professor Godói, informante de Frischauer, jura que foi Getúlio o autor do disparo. Sua filha e biógrafa, Alzira Vargas do Amaral Peixoto, adianta a resposta à indagação que lhe fez:

"Olhou-me feio, por cima dos óculos, enquanto assinava um decreto e falou: 'Era o único meio de dissolver o comício'. Não consegui arrancar-lhe mais nada nesse dia, nem depois. Fiquei com sérias desconfianças e ainda as mantenho; porque fugia do assunto com grande habilidade. Jamais confessou que fosse ele o desordeiro; tampouco

* Paulo Frischauer, obra citada, p. 116.

revelou qualquer outro nome. Não se acusou mas não acusou ninguém. Poderia ser um pacto entre eles; poderia ser que aquele que me fez a insinuação desejasse verificar somente se papai era capaz de manter um segredo. Por isso não insisti mais. *In dubio pro reo.* É possível que tenha sido apenas discreto. O que tinha de ser feito fora feito".*

Formado em Direito, em dezembro do mesmo 1907, o jovem castilhista, filho do chefe republicano e herói de lutas partidárias, general Manuel do Nascimento Vargas, teve a segunda promotoria pública da Capital. A nomeação é narrada de forma jocosa por um biógrafo estrangeiro:

"A nomeação de Getúlio para segundo promotor público, logo depois de sua formatura, era uma distinção, e foi considerada, geralmente, um prêmio aos serviços por ele prestados ao partido, durante a campanha eleitoral. No *Petit Journal,* periódico dos adversários, dirigido por Batista Xavier, assim que foi tornada pública a nomeação de Getúlio, apareceu uma caricatura em que se viam Borges de Medeiros e várias crianças, cujos rostos eram os dos redatores de *O Debate*, 'Bom, meninos' – perguntava Borges de Medeiros – 'que querem agora? Uma caixinha de chocolate, para cada um?' 'Não' saía da boca de Getúlio, 'quero ser promotor público.' Se bem que a caricatura não correspondesse à realidade, pois Getúlio não se candidatara ao lugar, a pilhéria política não deixava de ser bem apanhada, pois o sucessor de Getúlio como promotor público foi outro dos redatores de *O Debate,* representado em roupas de criança: João Neves. Os adversários políticos riam e Getúlio riu com eles. A nomeação fizera-o funcionário público aos vinte e seis anos incompletos".**

A iniciação na vida parlamentar fez-se com um mandato de deputado estadual à Assembléia Legislativa, na le-

---

* Alzira Vargas, *Getúlio Vargas, meu pai.* Porto Alegre, Ed. Globo, p. 9-10.

** Paulo Frischauer, *Presidente Vargas.* São Paulo, Cia. Editora Nacional, 1943, p. 115.

genda do Partido Republicano. O sinal da liderança logo se apresenta. O jovem deputado lidera uma bancada homogênea, mas tumultuosa. Naquele tempo, era comum que os deputados de ambos os partidos portassem volumosos revólveres, e, às vezes, colocavam as armas, ostensivamente, sobre as bancadas. Foi ali, sem violência, mas com energia, com autoridade, mas sem autoritarismo, que Getúlio Vargas se revelou o condutor de homens que seria por toda a vida.

A apuração do pleito presidencial do estado era feita por uma comissão escolhida pela Assembléia Legislativa. A Constituição Estadual permitia a reeleição, desde que fosse alcançado o necessário *quorum*. Borges de Medeiros disputava o posto, pela quinta vez. O resultado foi impugnado, pela oposição. A comissão encarregada de dar o parecer tinha como relator o deputado Getúlio Vargas. Os trabalhos prosseguiam, mas propalava-se que a conclusão não favorecia Borges de Medeiros. Foi quando Balthazar do Bem foi ao Palácio e avisou a Borges de Medeiros do impasse da comissão que iria procurá-lo para expor a situação. Assim aconteceu. Quando os deputados chegaram, o velho chefe recebeu-os efusivamente: "Sei que vêm felicitar-me porque estou reeleito".

A comissão, com seu líder à frente, não disse mais ao que vinha. Voltou à Assembléia, reformulou os cálculos e proclamou, na noite de 25 de janeiro, Borges de Medeiros presidente, pela quinta vez, do Estado do Rio Grande do Sul.

Nessa noite, o Palácio da Assembléia, iluminado, era guardado por tropas da Brigada Militar. Os deputados saíram de madrugada para trocar de traje, envergando a casaca, com colete preto, protocolar para a solenidade de posse, marcada para a mesma tarde.

Na mesma data, Artur Caetano, Felipe Portinho, Leonel Rocha, Zeca Neto, Honório Lemes e outros chefes oposicionistas iniciaram a revolução de 1923.

Getúlio Vargas, como outros chefes republicanos,

organiza o seu Batalhão de Provisórios e veste a farda azul, com que o retrata sua filha e biógrafa Alzira. Mas o destino vai favorecê-lo, evitando que manche as mãos de sangue fratricida. A morte de Rafael Cabeda abrira uma vaga na Câmara dos Deputados. Para ela foi eleito Getúlio Vargas.

A demorada preparação formou um deputado discreto e perspicaz. Quando vem para o Rio de Janeiro, seus passos são cautelosos. Aceita, sem relutância, a disciplina da bancada e a liderança de Nabuco de Gouveia, sem alegar os títulos de líder que fora, na tempestuosa Assembléia regional.

A linha de discrição, porém, não impede que se manifeste, nas oportunidades em que convém mostrar-se o fiel intérprete do pensamento de Borges. Assim, comparece à tribuna quando se trava o derradeiro duelo de Bernardes, presidente da República, e Nilo, seu opositor, derrotado, quando da intervenção no Estado do Rio:

"Tendo usado da palavra somente para fazer um requerimento sobre assunto referente ao meu estado, não era meu intuito tão cedo voltar à tribuna nesta casa. Neste recinto... eu desejaria ficar silencioso, observando e aprendendo. Dado o retraimento natural do meu espírito, a minha timidez e o reconhecimento da própria incapacidade (não apoiados gerais), eram outras tantas forças inibitórias a qualquer manifestação pública. É, pois, quase me excusando de uma ousadia, que compareço neste plenário. Assim, porém, quiseram as circunstâncias".*

Justifica seu voto, na Comissão de Constituição e Justiça, admitindo a dualidade de poderes e considerando legítima a intervenção do presidente da República.

Também quando se discute o segundo cinco de julho e Nabuco de Gouveia, Lindolfo Collor e Flores da Cunha solidarizam-se com Bernardes, Vargas volta à tribuna:

---

* Documentos Parlamentares. *A Intervenção no Estado do Rio.* Rio de Janeiro, Tipografia do Jornal do Comércio, 1923, 16º vol., p. 568.

"A sedição que acaba de ser julgada não tinha um fim construtor, um intuito de nobreza, nem a flama justificativa de um ideal. Nada disso. Era, pela sua natureza, pelos seus fins, puramente negativa. Um dia, esses homens, que iludiram a nação, conspirando para assaltar os poderes públicos, ludibriando a confiança que neles depositara, como encarregados da manutenção da ordem pública, violaram o seu pacto de honra, para voltarem as armas contra essas mesmas instituições, amatulados, apenas, sob a base comum do instinto de destruição... Por isso, a derrota dos rebeldes, que, em São Paulo, ergueram o colo da revolta, tem para nós o significado de uma profunda lição".*

A representação federal gaúcha foi unânime. Os sete libertadores deram idêntico apoio, falando por eles Plínio Casado.

Nabuco de Gouveia troca o parlamento pela diplomacia. Há veteranos na bancada, entre os quais Flores da Cunha, com prestigiosas amizades na política paulista, que vai ascender ao primeiro plano com a presidência Washington Luís. Há Carlos Penafiel, genro de Júlio de Castilhos. Mas a preferência de Borges se fixa por isso mesmo em Getúlio, de bom quilate castilhista, cuja fidelidade provara como relator do parecer que lhe dera a quinta reeleição.

Quer o novo condutor plenamente prestigiado. O ano político de 1926, que será fértil de acontecimentos, assinala o 26 de janeiro com um significativo banquete em Porto Alegre, em homenagem a Getúlio Vargas.

A sessão legislativa federal iniciava-se mais tarde. Era praxe que os líderes das principais bancadas compusessem a Comissão de Finanças. Naturalmente o lugar reservado ao Rio Grande do Sul é oferecido a Vargas. Com geral surpresa ele recusa:

"Declarou, na minha presença, que não entendia de

* Sertório de Castro, *A República que a revolução destruiu.* Rio de Janeiro, Livraria Freitas Bastos, 1932, p. 484-5.

finanças e que, portanto, não podia aceitar ser membro da Comissão de Finanças".*

Declinando do posto ocupado por Lindolfo Collor, Vargas desafia o destino. Será sempre assim... Collor, jornalista brilhante, vai ter a incumbência de defender, nas colunas de *O País* e do *Correio Paulistano*, a reforma financeira de que o presidente Washington Luís fará a pedra de toque do seu governo. Por isso o seu nome será apontado para o Ministério da Fazenda. Mas o ministro vai ser Getúlio Vargas.

O ano de 1926 marcaria vários acontecimentos importantes na vida política nacional. A 24 de fevereiro, foi fundado o Partido Democrático, em São Paulo, congregando em torno do conselheiro Antônio Prado uma plêiade de valores até então arredios da política, como J. J. Cardoso de Melo Neto, Francisco Morato, Waldemar Ferreira, Gama Cerqueira; e um pugilo de moços, liderados por Paulo Nogueira Filho. A 21 de março, realizou-se a sessão solene da instalação da nova agremiação que vai dar a bandeira para o futuro candidato da Aliança Liberal. No mês de outubro, a imprensa começa a se ocupar do futuro governo a instalar-se a 15 de novembro. O novo presidente, Washington Luís Pereira de Souza, convocou para o seu Ministério os líderes de diversas bancadas estaduais. A pasta da Fazenda coube ao líder do Rio Grande do Sul.

Como uma advertência ao governo a inaugurar-se, irrompe nos pampas sulinos a Coluna Relâmpago. Protesto sangrento, advento da revolução nacional, ainda uma vez adiada. O presidente a empossar-se não vai tomar na devi-

---

* Gilberto Amado, "Getúlio – sua capacidade de enganar", *in Depois da Política.* Rio de Janeiro, Livraria José Olympio, 1960, p. III. O episódio nunca foi contestado por Vargas. Há quem observe, porém, que ele teria preferido permanecer na Comissão de Constituição e Justiça, onde exercia a presidência que não teria no órgão de Finanças. Convinha melhor aos interesses de seu estado e sua atitude obedecia à disciplina partidária.

da conta o sinal que se confirmará, quatro anos depois, a 3 de outubro, nas mesmas terras açoitadas pelo minuano.

Vargas não demorará no Ministério da Fazenda. A 2 de fevereiro de 1927, realizavam-se as eleições no Rio Grande do Sul, conseqüentes ao Pacto de Pedras Altas. A nova Constituição não permitirá a sexta reeleição de Borges de Medeiros. A bancada federal comportava sete libertadores, entre os quais Plínio Casado, antigo professor de Vargas e seu amigo pessoal, e João Baptista Luzardo, lugar-tenente do caudilho Honório Lemes, que, em seu discurso de estréia na Câmara dos Deputados, recebera os primeiros cumprimentos do líder da bancada republicana. A candidatura Getúlio Vargas ao governo do estado surgiu naturalmente, afastando outros candidatos, merecedores da escolha, mas desfavorecidos pelas circunstâncias. A 25 de novembro, Vargas é eleito presidente do Rio Grande do Sul. Para a vice-presidência é escolhido João Neves da Fontoura. A 25 de dezembro, o presidente da República homenageia, saudando-o em um banquete, o seu ministro da Fazenda.

A crise do mundo moderno, deflagrada com a I Grande Guerra Mundial em 1914-18, instalou-se no Brasil em 1922, em três manifestações díspares, mas sintomáticas, do mesmo fenômeno político. A revolução do pensamento, que foi a Semana da Arte Moderna; a revolução social, na fundação do Partido Comunista; a revolução militar, no primeiro 5 de julho.

A revolução desencadeada é como as cachoeiras da serra, na imagem de Rui Barbosa: "Aqueles borbotões d' água que arrebentam e espadanam, marulhando. Eram, ainda há pouco, o regato que serpeava pela encosta, e vão ser daqui a pouco o fio de prata que serpeia pela campina. Vinha murmurosa e descuidada; encontrou o obstáculo, cresceu, afrontou-o, envolveu-o, cobriu-o, e, afinal, o caixão desfez-se em pedaços de cristal e espuma".

A revolta de 1922 repetiu-se, com mais intensidade, em 1924. A Coluna Prestes cortou o País de Sul a Norte, semeando a esperança da redenção do povo. Mas o novo governo não pressentiu a borrasca que o colheria em seus últimos dias.

Um historiador de 1930, adversário político de Vargas, o jornalista Barbosa Lima Sobrinho, escreveu esta verdade:

"Nenhuma eleição presidencial foi tão tranqüila quanto a do Sr. Washington Luís. No dia 15 de novembro de 1926, sorridente como um triunfador, o Sr. Washington Luís recebeu, nas ruas do Rio de Janeiro, uma formidável manifestação, que era menos à sua pessoa do que de desagrado à do Sr. Artur Bernardes. O Brasil esperava do Sr. Washington Luís uma coisa que só por invencível tolice ele não lhe daria: paz, paz, paz... Duas medidas estancariam, no nascedouro, a fonte da rebelião, como teriam estancado no meio do governo Bernardes: a suspensão do *estado de sítio* e a anistia para os delitos políticos".

O antagonismo das mentalidades, a sucessão das épocas, a marcha implacável dos acontecimentos não era sequer vislumbrada pelos políticos brasileiros, que viam, na questão social, um *caso de polícia.* Assim, o combate ao extremismo se desenvolveria em uma orientação reacionária. Preocupavam-se com a reforma financeira, cuja idéia o presidente Washington Luís trouxera da Europa, onde Raymond Poincaré travava a *batalha do franco.*

A sucessão presidencial ia encontrar, no Catete, "um homem que encarnava e transpirava a autoridade suprema dos antigos tempos. Não que fosse duro, convencional, de gestos olímpicos. Nada disso. Era uma coisa indefinível. Uma 'atmosfera'". Assim o definiu o tribuno da Aliança Liberal, João Neves da Fontoura.

Esta impressão ele a transmitiria, em carta de 29 de novembro de 1928, a Borges de Medeiros e Getúlio Vargas:

"O presidente não é homem de recuos. Conversando

comigo, disse-me certa vez que, antes de vir para o Rio, amigos lhe haviam ponderado não lhe ser possível expor-se, aqui, ao sol como o fazia em São Paulo, visto que o clima era diferente; teria de mudar de hábitos. Ele, porém, respondera: pois então o clima é que terá de mudar!".

A sucessão presidencial de Washington Luís inicia a fase nacional da vida pública de Getúlio Vargas. O autoritarismo de Washington Luís foi, sem dúvida, o fato desencadeante de uma crise. A Velha República formara a tradição da escolha do supremo magistrado pelos consenso dos próceres políticos, com predominância dos paulistas e mineiros que se alternavam na Presidência, desde quando Prudente de Moraes instalara o governo civil. O paulista Washington Luís sucedera ao mineiro Artur Bernardes. Dentro desta lógica, o presidente de Minas, Antônio Carlos Ribeiro de Andrada, apresentava-se como candidato. Mas Washington Luís tinha, como preferido, o presidente de São Paulo, Júlio Prestes de Albuquerque.

Contrariado em suas pretensões, Antônio Carlos lança a candidatura do presidente do Rio Grande do Sul. Era a cisão violenta do situacionismo.

Surpreendido pelo golpe, Washington Luís arregimentou suas forças, por intermédio do líder da maioria, Manoel Vilaboim. Acorreram ao chamamento do pastor dezessete ovelhas obedientes, que tantos foram os governadores dos estados que adotaram a candidatura Júlio Prestes. Antônio Carlos conseguiu a adesão do Rio Grande do Sul, com Getúlio como candidato à Presidência, e da Paraíba, ficando João Pessoa como companheiro de chapa. Formou-se a Aliança Liberal, minoritária no Congresso, mas combativa e itinerante. Logo partiram as *caravanas,* percorrendo o País em um desempenho que relembrava a Campanha Civilista de Rui Barbosa e a Reação Republicana de Nilo Peçanha. Vargas, porém, era o mais comedido dos aliancistas.

O Congresso Nacional, principalmente a Câmara dos

Deputados, tornou-se o palco de um debate empolgante, em que se revelaram os novos valores da oratória política, entre os quais se agigantava o maior tribuno da Aliança Liberal, João Neves da Fontoura.

Foi no ardor da polêmica que os partidários de Washington Luís divulgaram a correspondência particular entre o presidente e o seu antigo ministro da Fazenda, recém-empossado no governo do Rio Grande do Sul. O tom era cordial e confiante. Washington Luís recebia demonstrações de lealdade de seu amigo. E como se esboçasse, precocemente, a questão sucessória, Vargas lhe prometera que nenhuma atitude tomaria sem consultá-lo.

A 10 de maio de 1929, ele escreveu uma carta, de que foi aproveitado um trecho, para apontar a *traição* de Getúlio a Washington Luís:

"O ambiente é de paz, de prosperidade e de trabalho. Quanto à política federal a nossa atitude e as nossas disposições são as mesmas exaradas que escrevi a V. Ex[a]. em dezembro do ano passado e que agora reafirmo, com o mesmo sigilo que o caso exige. Tenho permanecido fechado a qualquer manifestação sobre a sucessão presidencial pelo desejo de não contribuir para perturbar o ambiente, para deixar à livre iniciativa de V. Ex[a]. as *démarches* sobre o assunto, quando julgar oportuno e para evitar as intrusões dos mestres de obra feita, farejadores de candidatos, ou pretendidos precursores que queiram jogar com o nome e o prestígio do Rio Grande, inculcando-se mais tarde ao prêmio das recompensas pessoais".*

Não convinha aos propósitos dos acusadores e, por isso, não foi divulgada a resposta de Washington Luís, datada de 17 de maio:

"Esse ambiente sereno só tem aconselhado a não precipitar os acontecimentos políticos que têm as suas épocas

---

* Afonso Henriques, *Vargas, o Maquiavélico.* São Paulo. Dist. Exc. Palácio do livro, 1961, p. 40.

próprias para a solução constitucional. Não precipitar nem recuar. Fico ciente, anota, amigo e confiante, sobre o que me escreveu sobre sucessão presidencial. Não prescindirei dos seus conselhos e dos conselhos de todos os nossos amigos, sobre tal assunto. Na época própria hei de ouvi-lo, e diretamente, que é a melhor forma de acertarmos".*

Tendo tido sua candidatura levantada pelo governo de Minas e merecido a aceitação de Borges de Medeiros e seus correligionários, Getúlio condicionou sua posição à consulta a que havia se compromissado. Escreve ao presidente, a 11 de julho, relatando os entendimentos entre políticos de Minas e do Rio Grande do Sul sob a condição de que a sua candidatura "fosse primeiramente submetida a V. Exª". Declara que nunca pretendeu nem se insinuou a tão alta investidura. Relembra haver expressado seu pensamento, em carta anterior, no sentido de aguardar a iniciativa do presidente. Mas, como homem de partido, tivera de submeter-se à decisão deste pela voz do seu chefe: "Não poderia, por um ato pessoal, recusar, em princípio, o exame da primeira oportunidade que se oferecia para a escolha de um representante do Rio Grande à mais alta magistratura da República". Apresentando sua candidatura, para ser considerada em plenário nacional, terminava por dizer: "que o meu nome não será obstáculo para que V .Exª. possa dar uma solução pacífica ao problema da sucessão presidencial".

Lamentavelmente, Washington Luís não submeteu a primeira candidatura, formalmente apresentada, aos governadores. Porque, de posse da carta de Getúlio, ordenou o seu líder que obtivesse as adesões daqueles dezessete governantes à candidatura que, pela primeira vez, só então, era nomeada: a de Júlio Prestes. Foi com estas respostas, nas quais não havia indício de consulta sobre o nome do presidente do Rio Grande do Sul, que Washington Luís respondeu. Primeiro, telegrafou a Vargas, em um texto que

* Arquivo de Getúlio Vargas.

tive em mãos, na antiga fórmula telegráfica, esverdeada, com as tiras brancas coladas sobre ela, documento que ficou encerrado durante trinta anos no arquivo pessoal de Getúlio Vargas, que fui o primeiro a divulgar: "Presidente Getúlio Vargas: para responder sua carta recebida a 17 estou ouvindo representantes das correntes políticas do País. Não estranhe, pois, demora na resposta. Cordiais saudações (a) Washington Luís".

Com este telegrama teria sido fácil a Vargas provar que não fora ele quem faltara à palavra empenhada. Porque o presidente firma, de seu próprio punho, o compromisso: *está ouvindo representantes das correntes políticas.* E não ouviu ninguém. Mandou coordenar o nome de Júlio Prestes, que não havia sido apresentado nem por ele próprio. Vargas poderia ter revidado, vantajosamente, ao ataque que lhe desferiram usando trechos de sua correspondência com Washington Luís, simplesmente divulgando toda essa correspondência. Porque nela afirmara que ouviria o presidente na hora precisa e o fez, apresentando-lhe a candidatura levantada por Antônio Carlos, para que a examinasse em primeiro lugar. Com a ressalva de que seu nome "não será obstáculo para que V. Exª. possa dar uma solução pacífica ao problema da sucessão presidencial".

Não o quis. A João Neves, Vespúcio de Abreu, todos os responsáveis pela Aliança Liberal que insistiam para que trouxesse à arena do debate político os documentos que tinha, recusou.

Encontro, nesse mesmo arquivo, a comprovação:

"Senador Vespúcio de Abreu – Rio. Jornais aqui noticiaram Irineu me agredira Senado, revelando novas cartas correspondência privada presidente da República. É lamentável essa hostilidade pessoal presidente Washington contra mim, servindo-se indivíduo baixo nível moral Irineu, usando esses processos. Também eu possuo cartas presidente, solicitando subvenção jornal defender seu governo, no entanto, quando João Neves quis tratar esse assunto Câmara neguei-lhe formalmente autorização. Dirijo-lhe isso não para que traga a público, mas para que possa ajuizar sobre diferença atitudes, denotando intuitos vingança incompatíveis serenidade seu alto posto. Afetuosas saudações".*

Seis dias eram passados quando Washington Luís escreveu a carta prometida:

"Rio de Janeiro, 26 de julho de 1929

"Meu caro presidente e amigo.

"Tenho em meu poder sua carta de 11 de julho corrente, que me foi entregue por mãos do nosso comum amigo, deputado Flores da Cunha, a 17 do mesmo mês e à qual passo a responder, com a demora inevitável de alguns dias, pelas razões que lhe enviei no telegrama de 20, também do corrente.

"Por ela vejo, conforme me manda dizer sobre as ocorrências da sucessão presidencial, que o seu intuito é apenas, por um dever de franqueza e lealdade, levar ao meu conhecimento essas ocorrências e prevenir-me do que se passa. Com esse propósito, informa-me V. Ex[a]. que o líder da bancada situacionista do Rio Grande fora procurado pelo secretário do Interior do governo de Minas para participar-lhe que a política desse estado pretendia apresentar seu nome à Presidência da República e transmitira essa proposta à decisão do eminente Sr. Dr. Borges de Medeiros, que respondeu aceitando-a em princípio, com a condição de que essa candidatura me fosse primeiro submetida porque, segundo sua opinião conhecida e sempre mantida, 'na ausência de partidos nacionais, cabe ao presidente da República encaminhar as negociações sobre a sucessão, não devendo desinteressar-se pelo assunto', a fim de evitar 'conseqüências fundamente perturbadoras da vida nacional do País, intervenção que tanto mais se justificava,

* Arquivo de Getúlio Vargas.

tratando-se de um governo que estava executando um programa de restauração financeira que o seu sucessor deveria manter e consolidar, não havendo eu apresentado ou demonstrado preferência por qualquer nome'.

"Em cartas anteriores, segundo ainda me recordo, me havia, de modo positivo, expressado o seu pensamento de aguardar a minha iniciativa a respeito. De fato, em carta de 10 de maio corrente, reafirmando outra de dezembro do ano passado, espontaneamente me assegurava V. Exª. deixar à minha livre iniciativa as *démarches* sobre o assunto, quando eu julgasse oportuno, 'para evitar as intrusões dos mestres de obras feitas, farejadores de candidatos ou pretendidos precursores que queiram jogar com o nome e o prestígio do Rio Grande, inculcando-se mais tarde ao prêmio das recompensas pessoais'. Para evitar precipitações ou imprudências, me assegurava V. Exª., nessa carta de 10 de maio, que 'nenhum representante do Rio Grande tinha autorização para, em nome da situação dominante do estado, tratar do caso', o qual deveria de preferência ser encaminhado diretamente entre nós, com a confiança e lealdade necessárias e podendo o presidente da República 'ficar tranqüilo que o Partido Republicano do Rio Grande lhe não faltaria com o seu apoio no momento preciso'.

"Tendo, porém, os acontecimentos tomado a feição imprevista pela iniciativa do secretário do Interior de Minas Gerais, V. Exª., homem de partido, submeteu-se à decisão deste pela voz do seu chefe e dela me faz conhecedor.

"Tem S. Exª. o eminente Sr. Dr. Borges de Medeiros inteira razão em se mostrar certo de que eu não teria motivos para recusar a sua candidatura, acrescentando eu, agora, que o nome de V. Exª. e o Rio Grande do Sul sempre estiveram presentes nas minhas cogitações. Realmente, todos os meus atos têm demonstrado, sempre, o meu alto apreço por V. Exª., já convidando-o para colaborar no atual governo, como ministro da Fazenda, já mantendo, após a sua saída do Ministério para o governo do Rio Grande do Sul, assídua e confiante correspondência para estudo e decisão dos vitais problemas, tanto administrativos como políticos, que interessavam ao Brasil e ao seu estado.

"De posse, entretanto, de sua última carta, de 11 de julho, tratei do encaminhamento e solução da questão presidencial, de acordo com o seus desejos e com as opiniões transmitidas.

"Para tal fim procurei, pelos meios mais rápidos ao meu alcance, que a premência do assunto, agora posto em foco, impunha ouvir, para coordenar, os ditames da opinião nacional.

"Para a indicação do nome ilustre de V. Exª., tenho a aceitação, em princípio, do Estado do Rio Grande do Sul, como refere a carta de V. Exª. e opinião do ilustre Sr. Dr. Antônio Carlos, presidente do Estado de Minas Gerais, que, em carta de 20 de julho, recebida a 22, informa dizendo textualmente 'julgar acertado orientar-me na direção do nome do Dr. Getúlio Vargas, já como presidente do Rio Grande do Sul, se tem destacado no apoio firme e na completa solidariedade à política e à administração de V. Exª.'.

"Os outros estados, exceto o da Paraíba, que até agora não se manifestou pelas suas situações dominantes, os outros diretores de correntes políticas nacionais, responsáveis pelos destinos do Brasil, que se acham no País, na quase totalidade, portanto, sem desconhecer ou negar os méritos de V. Exª., em inteira solidariedade com o presidente da República, indicam e aceitam outro nome, igualmente digno, igualmente colaborador do governo atual, o Dr. Júlio Prestes, presidente do Estado de São Paulo e para o qual não existem motivos de recusa neste encaminhamento e coordenação que me foram reconhecidos e delegados.

"Eis o resultado a que cheguei que, com a lealdade e a franqueza que V. Exª. sempre achou deverem existir entre nós em matéria que tão fundamente interessa à nossa pátria, venho trazer ao seu conhecimento, para sua decisão, dados os termos da carta a que tenho a honra de responder.

"Reafirmando também o meu sincero propósito de continuar seu amigo, acredito e espero que, conhecedor da situação exata do país, ainda convalescendo das profundas perturbações criadas pela sucessão presidencial anterior à minha, a sua alma de republicano e de brasileiro indicará a solução patriótica que pede o assunto.

"Com subido apreço e distinta consideração, sou de V. Exª. Amº. Atº. adº. – Washington Luís".*

Em relação à Paraíba, houve a intervenção do senador Epitácio Pessoa aconselhando o seu sobrinho, presidente João Pessoa, a não aceitar a imposição da candidatura Júlio Prestes. Surgiu daí uma das lendas, das *mentiras de bronze,* cunhadas para desfigurar fatos históricos. Inventou-se uma resposta de João Pessoa à consulta de Manoel Vilaboim: "Nego". Isso nunca aconteceu. Apenas, o líder da Paraíba, deputado Tavares Cavalcante, teve a incumbência de comunicar que João Pessoa aceitara a indicação de seu nome para vice-presidente, fazendo companhia a Getúlio Vargas.

As cordiais saudações com que o Presidente Washington Luís continuava a encerrar a sua correspondência contrastavam com a violência dos ataques que seus correligionários desferiam contra o *traidor* Getúlio Vargas. A campanha crescia em violência, em agressividade, mas os dois presidentes não se hostilizavam pessoalmente. Por isso foi possível, quando Vargas foi ao Rio de Janeiro apresentar sua plataforma de governo, em um comício ao ar livre, na Esplanada do Castelo, pois não conseguira nenhum recinto oficial amplo para a reunião, o governante do Rio Grande do Sul visitar o presidente da República, no Palácio do Catete.

A crônica política registra, então, a primeira falta a

* Virgílio de Melo Franco, obra citada, p. 132-136.

um compromisso de Getúlio com Washington Luís. O presidente era fiador de um acordo tácito pelo qual um candidato não visitaria o estado do outro. Prestes o cumpriu. Mas Getúlio Vargas, no dia 2 de janeiro, atende ao apelo dos delegados do Partido Democrático e vai a São Paulo.

A visita de Vargas a São Paulo marca o início do "queremismo". Ninguém previa uma recepção calorosa. O estado, altamente politizado e policiado pelo PRP, devia acolher com reservas o adversário de seu presidente e candidato à Presidência da República. A oposição, que se arregimentava no Partido Democrático, era brilhante mas pouco numerosa. Seus dirigentes aguardavam, receosos, no alto da ladeira do Carmo, a chegada do ilustre convidado. Mas, na estação do Brás, na zona operária, uma multidão se formara, espontaneamente, sem ligações políticas, guiada por seus líderes naturais, na ressonância das promessas feitas pelo candidato da Aliança Liberal aos trabalhadores, ao povo, aos humildes.

Vargas sentiu, pela primeira vez, o apoio do povo que o acompanharia em toda a vida, até o cortejo fúnebre que conduziu seu cadáver do Palácio do Catete ao avião que o levou a São Borja. A multidão gritava: "Queremos Getúlio! Queremos Getúlio!".

Este acontecimento, inesperado, marcou a formação política de Vargas. Ele sentiu a repercussão do seu pronunciamento em favor do povo. Daí por diante seria uma nota constante, uma ligação permanente selando o homem público com o seu povo.

A eleição era uma farsa, com resultado previamente conhecido. A fraude campeava livremente em todo o território nacional. E nem podia ser de outra maneira. Havia um sistema eleitoral preparado para assegurar a permanência dos donos do poder.

Escrevendo sobre a Revolução, Virgílio de Mello Franco fotografou aquele acontecimento:

"Por uma cruel ironia da sorte, as eleições federais coincidiram com o carnaval. Assim, pois, enquanto Momo saía à rua, rebolando em requebros de maxixe, a fraude eleitoral, de uma clareza meridiana, imperava por toda parte.

"O governo federal, logo que foram conhecidos os primeiros resultados do pleito, fez anunciar, por intermédio do Ministério do Exterior, aos nossos agentes diplomáticos e consulares, a vitória do Sr. Júlio Prestes, celebrando, além disto, a boa ordem que reinou, no Distrito Federal e em todo o País, no dia da eleição".*

Se o jovem político, integrado na Aliança Liberal, assim fulminou a reunião de 1º de março de 1930, o então deputado J. B. de Azevedo Lima, da corrente prestista, deixou escrito seu depoimento:

"Não faltou, é claro, a argüição de fraudes e vícios nesse pleito renhidíssimo. Verificaram-se nele, sem dúvida, como em todos os anteriores e posteriores, os mesmos atentados à lisura eleitoral que vêm grassando no Brasil, desde o segundo reinado até os últimos dias do regime republicano. Mas nesse terreno das falsificações, nenhum estado levou o Rio Grande na eleição de 1930. Afirmo-o de ciência certa, porque me coube por sorteio relatar as eleições de um dos distritos desse estado, em cujas atas se me deparam os mais surpreendentes e grosseiros 'esguichos' em favor do candidato regional: nomes de votantes de cabo a rabo no livro de atas, assinados pela mesma mão trêmula e invariável de defraudador quase iletrado; número de assinaturas muitas vezes superior ao de eleitores assinalados como presentes ao pleito; soma de votos em desacordo com o total dos eleitores; comparecimento exageradíssimo de votantes; excesso de sufrágios em relação ao comparecimento dos que votaram".

Os estados obedientes ao presidente da República deram ao seu candidato a votação reclamada, enquanto as três

* Virgílio de Melo Franco, obra citada, p. 210.

unidades aliancistas compareceram com o número de votos exigido. Os trabalhos da apuração evidenciaram a fraude generalizada, descarada, de que se aproveitaram, a seu tempo, uns e outros, para se acusarem, reciprocamente, dos mesmos vícios de que haviam também se beneficiado.

A proclamação da vitória da chapa Júlio Prestes-Vital Soares não encerrou a questão. Tinha havido a renovação do Senado, pelo terço, e da Câmara dos Deputados, em sua totalidade. As apurações eram feitas no Palácio Tiradentes, onde se travou a nova batalha. Logo de início, houve uma surpresa: a representação do Rio Grande do Sul, em obediência a um pacto secreto, firmado entre Getúlio e Washington através do senador Paim Filho, foi, integralmente, respeitada. Enquanto o pleito em Minas era esmiuçado, demoradamente, a ponto de acontecer, pela primeira vez, em dois regimes, aquele estado não ter, ainda, os seus representantes reconhecidos quando se abriu a sessão legislativa.

Em Minas, Washington Luís e Júlio Prestes haviam fomentado uma coligação oposicionista, a Concentração Conservadora, cujos candidatos foram reconhecidos através de uma matemática miraculosa, enquanto a bancada que seguira Antônio Carlos e se filiara à Aliança Liberal era sacrificada.

Quanto à Paraíba, o resultado oficial proclamava que dois terços do eleitorado haviam votado na chapa aliancista para presidente e vice-presidente da República, ao mesmo tempo que, paradoxalmente, negavam reconhecimento aos candidatos aliancistas à Câmara de Deputados e ao Senado, para dar entrada aos chamados *deputados de Princesa,* os oposicionistas locais identificados com a subversão, chefiada por José Pereira.

João Neves anunciara a sua previsão, muito de acordo com seus desejos: "Sabíamos que à nossa frente somente se abriam dois caminhos: a adesão ao vencedor ou a revolução". Borges de Medeiros dizia que Vargas devia escolher entre duas atitudes: ou mandava um telegrama ao Sr. Júlio Prestes, congratulando-se com o adversário vitorioso, à moda americana, ou dirigia um Manifesto à Nação, aceitando os resultados das urnas. O Rio Grande do Sul reconhecia o resultado proclamado, dando a Júlio Prestes mais de um milhão de votos e a Vargas um pouco menos de setecentos.

Em uma entrevista a *A Noite,* depois de opinar que o Rio Grande do Sul "reconhecerá", lealmente, a derrota do seu candidato, que é também seu presidente, reconhecerá, portanto, "como legal o governo do Dr. Júlio Prestes". Sobre os propalados boatos da conspiração, disse estar convencido de que o povo do Rio Grande do Sul não daria um só passo para perturbar a ordem. A revolução "seria um crime monstruoso, um crime contra a pátria".

A derrota eleitoral cindira a Aliança Liberal em dois partidos: os que, aceitando a eleição de Júlio Prestes, procuravam agir em conseqüência, assegurando-se a sobrevivência política, e os que se comprometiam na conspiração, visando à solução revolucionária.

O que muitos não perceberam é que a revolução – não o episódio brasileiro, apenas, mas o processo de renovação da sociedade, que se manifestava com a Primeira Guerra Mundial – instalara-se aqui de uma forma irreversível. A sucessão presidencial de 1930 seria o caldo-de-cultura ideal para a mudança das instituições. Faltava o fator desencadeante. Porque a conspiração tinha marchas e contramarchas, enquanto a acomodação política progredia.

A revolução de outubro de 1930 encontrou, no assassinato do presidente da Paraíba e candidato à Vice-Presidência da República João Pessoa, a sua causa desencadeante. Aproveitando o impacto popular, Oswaldo Aranha e os adeptos da revolução marcaram a sua eclosão para as dezessete horas e quinze minutos de três de outubro.

Getúlio Vargas, o chefe civil da revolução, era, também, o presidente do Rio Grande do Sul, que mantinha relações oficiais com a Presidência da República. Ainda, o correligionário disciplinado de Borges de Medeiros, o chefe que aconselhara a aceitação do resultado das eleições. Seu relacionamento com o comandante da III Região Militar, general Gil de Almeida, pessoalmente, ou através do Secretário de Estado João Simplício, era tranqüilizador. Foi assim que, aos primeiros rumores do movimento que toda Porto Alegre conhecia, aquele general interpelou João Simplício, levando-o a procurar o presidente do estado. João Simplício não voltou da incumbência frustrada e a ligação telefônica que o general Gil de Almeida tentou para o Palácio Piratini foi cortada, ao tempo em que se deflagravam os primeiros tiros.

Este homem imperturbável e capaz de ser discreto sem trair; corajoso sem bravata; sensível sem descontrolar-se, lança um Manifesto:

"Entreguei ao povo a decisão da contenda e este, cansado de sofrer, rebela-se contra os seus opressores. Estamos em uma revolução para readquirir a liberdade, para restaurar a pureza do regime republicano, para a reconstrução nacional".

A subversão multiplicou-se por todo o território nacional, e as tropas arregimentadas no sul marcharam sobre o estado de São Paulo, em cujas divisas dever-se-ia travar a batalha decisiva, nas barrancas de Itararé.

Na capital da República, a conspiração invadira os quartéis. Três oficiais-generais – Tasso Fragoso, Mena Barreto e almirante Isaías de Noronha – coordenam as Forças Armadas e depõem o presidente Washington Luís. Há um momento de indecisão. Alguns supõem que a Junta Governativa vai assumir o governo e pacificar o País. As tropas revolucionárias, sob o comando do coronel Pedro Aurélio de Góes Monteiro, não aceitam esta solução e enviam ao Rio de Janeiro Oswaldo Aranha, para negociar a entrega do poder a Getúlio Vargas. O que acontece a 3 de novembro de 1931.

Vargas é o chefe do governo provisório que se prolongará até 17 de julho de 1934, quando a Assembléia Nacional Constituinte o elegerá presidente da República.

O governo provisório, como todo governo revolucionário, inaugurou-se através de medidas punitivas e repressivas, na *limpeza do terreno,* afastando aqueles que haviam combatido ou persistiam em combater a nova situação. Substituíram-se velhos chefes republicanos pelos oposicionistas que os combatiam, desafortunadamente, em seus redutos. Derrubaram-se oligarquias e privilégios. Surgiu uma *nova classe,* a dos *revolucionários,* enquanto crescia, em prestígio, o *tenentismo,* congregando, no Clube 3 de Outubro, os remanescentes do primeiro e do segundo 5 de Julho e mais aqueles que aderiram ao partido militar. Houve descontentamentos de políticos, e as frentes únicas do Rio Grande do Sul e São Paulo lideraram o movimento de retorno aos quadros constitucionais, somando-se ao movimento paulista de reconquista da hegemonia político-econômica do estado, desaguando na Guerra Paulista de 1932.

Vargas afirmava a intenção de levar a cabo os seus propósitos de reconstitucionalizar o País:

"Já não podem ser postos em dúvida. Foi promulgada a lei eleitoral, marcou-se a data em que se devem efetuar as eleições, escolheram-se os juízes dos tribunais eleitorais. Todas as medidas dependentes do governo, necessárias e imprescindíveis à constitucionalização do País, foram tomadas. Contrastando, justamente, com essa patriótica orientação, elementos descontentes e ambiciosos tentam estabelecer a anarquia e a confusão em São Paulo, no seio da sua laboriosa e pacífica população, um motim de objetivos puramente pessoais.

"A nobre atitude das Forças Armadas, colocando-se, firmes, ao lado do governo provisório, não é somente o testemunho da sua louvável resistência ao espírito de desordem e indisciplina. Ela vale, também, por uma nítida compreensão das suas responsabilidades perante a consciência cívica da Nação".

Não obstante, a revolta eclodiu a 9 de julho, empolgando o povo paulista. Prometia alastrar-se por todo o Brasil, levantando a mocidade, os intelectuais, os democratas, os adversários de Vargas e da ditadura. Tal não aconteceu. Logo a insurreição paulista foi limitada àquele estado e apontada como um movimento separatista, antinacionalista, reacionário. O *tenentismo,* que se desenvolvia nas Forças Armadas, tomou posição em defesa do movimento de 1930 e, com ele, as situações estaduais. As adesões prometidas não se consumaram. Apenas manifestações isoladas no Rio de Janeiro, na Bahia, em Belo Horizonte e outros grandes centros deram aos paulistas uma solidariedade moral que não influiu nos resultados militares.

A 20 de setembro, já definida a sorte do levante, Vargas lança outro manifesto ao povo de São Paulo:

"Através desse movimento admirável da vontade nacional, reage o Brasil, coeso e consciente dos seus destinos, cada vez mais fortalecido na sua unidade e soberania.

"São Paulo está isolado. Fracassaram todas as tentativas feitas para articular a sedição em outros estados. Esse movimento, inspirado em propósitos reprováveis, com o caráter de uma contra-revolução, havia, fatalmente, de fracassar.

"Mas, felizmente, ainda a sedição não partiu do povo varonil, ordeiro e honesto de São Paulo. Audaz sindicato político-militar usurpou-lhe a vontade, jogando o estado numa aventura sinistra e, receoso de receber, pelo ludíbrio praticado, o merecido e inevitável castigo, tudo fará agora, para lhe ocultar a verdade. O governo federal não considera o povo paulista culpado. Ele é, apenas, a maior vítima".

Vencida a revolução, Vargas manteve as datas pré-marcadas para a eleição da Assembléia Nacional Constituinte.

Os chefes e instigadores do movimento constitucionalista foram presos e deportados. O povo paulista sofreu a humilhação de uma nova ocupação militar das tropas do general Valdomiro Castilhos Lima, amparando as finanças da grande unidade com o que salvara a economia do País. Em São Paulo, as eleições foram asseguradas pelo governo federal através dos ministros Oswaldo Aranha, Antunes Maciel e do general Daltro Filho, que comandava a II Região Militar. A História registra a Missão Justo de Moraes, que possibilitou a vitória da chapa única por São Paulo unido, sigla sob que se abrigavam o PRP, o PD, a Federação dos Voluntários, a Associação Comercial e a Liga Eleitoral Católica, representando as mais legítimas correntes de opinião do estado. A derrota dos partidos da Lavoura e Socialista, inventados pela interventoria Valdomiro, ia ensejar a entrega do governo a mais *um interventor civil paulista,* Armando de Sales Oliveira.

Assim resolvido "o caso" de São Paulo, Vargas instala a Assembléia Nacional Constituinte a 15 de novembro de 1933. Presta contas do governo provisório em um exemplo que, infelizmente, não frutificou: "Comparecendo à solene instalação da Assembléia Nacional Constituinte e em presença dos legítimos representantes do povo brasileiro, aproveito tão excepcional oportunidade para dirigir-me à Nação e prestar-lhe contas de meus atos como chefe do governo provisório instituído pela revolução triunfante em outubro de 1930".

Estuda a formação do Império e "a proclamação da República... uma antecipação dos acontecimentos, precipitada pelas questões militares... circunstâncias que não lhe tiram, contudo, o caráter de ato nitidamente revolucionário". Aponta o vício republicano: "Com a absorvente predominância do Executivo sobre os demais poderes, falseou-se o equilíbrio inerente à estrutura do regime. O Congresso era produto de um processo eleitoral profundamente viciado, e os seus membros, com raras exceções, não representavam a opinião nacional, mas a vontade dos oligarcas".

Esquecendo a Campanha Civilista de Rui Barbosa e a Reação Republicana de Nilo Peçanha; o seu próprio passado político e as primeiras manifestações na Câmara dos Deputados, condenando o segundo 5 de Julho, assinala o início da reação: "... tinha de vir, inevitavelmente. Foram-lhe primeiras manifestações as revoltas de 1922 e 1924. Daí por diante, o mal-estar e a hostilidade do País a semelhante estado de coisas revelaram-se crescentes e indisfarçáveis. A última sucessão presidencial, trazendo o desentendimento entre as classes governamentais, já foi reflexo desse descontentamento generalizado". Por isso, "o movimento de outubro de 1930 deixou de ter o caráter de simples pronunciamento partidário para desencadear-se como força de ação social, assumindo o aspecto de verdadeira insurreição nacional e impondo, conseqüentemente, conquistas amplas e profundas no terreno econômico e político".

Define o Estado: "Qualquer que seja o seu conceito, segundo as teorias, nada mais é, na realidade, do que o coordenador e disciplinador dos interesses coletivos, ou a sociedade organizada como poder, para dirigir e assegurar o seu progresso. Toda estrutura constitucional implica, por isso, a estrutura das funções do Estado".

É quando justifica a representação de classes, cuja experiência será tentada na Constituinte: "Assunto de viva atualidade, em matéria de organização do poder público, a representação de classes ou grupos sociais foi agitada, entre nós, ao cogitar-se de dar nova Constituição ao País. Justifica-se, assim, a solução adotada, em caráter de ensaio, pelo decreto que regulou o processo de distribuição dos grupos sociais para escolher os seus representantes nesta Assembléia, que resolverá definitivamente sobre o assunto, atenta à sua importância e oportunidade".

Ainda uma vez, trata da questão trabalhista: "A organização do trabalho, no sentido que se lhe deve dar, não pode realizar-se, com proveito para as classes patronais e benefícios para os operários, senão mediante inteligente, ponderada e sistemática coordenação para conciliar e garantir os seus mútuos interesses. O fundamento ideológico da vida econômica é hoje a solidariedade. O princípio da livre concorrência cedeu ao da cooperação. As tendências solidárias propiciaram a formação de agrupamentos coletivos, cada vez mais fortalecidos para a defesa dos interesses de grupo, sob o controle e em colaboração com o poder público. Entramos na fase construtora do movimento sindicalista".

Despindo-se dos poderes discricionários, manifesta seu júbilo: "O governo provisório orgulhou-se de haver presidido o processo de organização desta Assembléia, conseguindo formá-la como expressão legítima da vontade do povo brasileiro, e proclama sentir-se forte para garantir a supremacia do seu poder, criando-lhe um ambiente de respeito e absoluta segurança, em que possa entregar-se, serenamente, à magna tarefa de elaborar novas e mais sábias instituições para o País".

Enquanto a Constituinte cumpre a sua tarefa, nem sempre fácil e sem sobressaltos, apesar daquelas palavras tranqüilizadoras, Vargas faz outros pronunciamentos. Tratando da anistia, que marcara o início do governo provisório, ele a aponta como uma das mais importantes providências: "No domínio moral, para a restauração da disciplina, para a mais perfeita coesão do organismo militar, decretou a anistia, integrando nas suas funções um pugilo de homens idealistas, castigados pela intrepidez de sua fé intimorata nos destinos do Brasil".

Define a revolução: "É o fruto das camadas profundas da sociedade; é um imperativo insofreável da consciência coletiva; é, em suma, a cristalização lenta, laboriosa, invencível, do pensamento obscuro da nacionalidade" .

A Assembléia Nacional Constituinte, através de uma

manobra política, conhecida como a *inversão da ordem dos trabalhos,* elege o presidente da República antes de promulgar a nova Constituição. Vargas defende o seu mandato: "A Constituinte que discutiu e aprovou o nosso Pacto Fundamental espelha, na sua integridade, a opinião do País. Livremente, a Assembléia Nacional votou a nossa lei orgânica e livremente elegeu o presidente da República. A legitimidade do mandato supremo, que ele conferiu no pleno exercício de suas prerrogativas, é tão inquestionável quanto a Constituição que promulgou. Esses dois atos se conjugam e se completam indissoluvelmente".

É evidente o contraste entre o presidente eleito pela Assembléia Nacional Constituinte e o ditador que se impõe, fechando as duas Casas do Congresso, dissolvendo os partidos, suspendendo direitos civis e políticos. À reação que se esboça, responde:

"O movimento de 10 de novembro exprime uma reação imperiosa contra estado de coisas tão lamentável.

"Reconhecidas as fraquezas e deficiências da nossa organização, incapaz de dar ao País os rumos seguros da ordem e a garantia do progresso pacífico, torna-se inadiável forjar instrumento apropriado à ação construtiva, de firme direção, dentro de um regime expurgado da intervenção personalista, interesseira e dispersiva dos agrupamentos partidários, e aberto à colaboração de todos os brasileiros de boa vontade.

"A nova Constituição, colocando a realidade acima dos formalismos jurídicos, guarda fidelidade às nossas tradições e mantém a coesão nacional com a paz necessária ao desenvolvimento orgânico de todas as energias do País".

Entramos na longa noite da ditadura que se prolongou até o fim da Segunda Guerra Mundial, quando Vargas foi deposto a 29 de outubro de 1945. Concentrando todos os poderes, pôde realizar, sem entraves, uma obra administrativa cujo elogio insistia em fazer. A Marcha para o

Oeste foi uma das campanhas que os órgãos de publicidade governamental, o DIP (Departamento de Imprensa e Propaganda) à frente, trombeteavam em publicações e programas radiofônicos:

"O verdadeiro sentido de brasilidade é a marcha para o Oeste. No século XVIII, de lá jorrou o caudal de ouro que transbordou na Europa e fez da América o continente das cobiças e tentativas aventurosas. E lá teremos de ir buscar: dos vales férteis e vastos, o produto das culturas variadas e fartas; das entranhas da terra, o metal com que forjar os instrumentos da nossa defesa e do nosso progresso industrial".

Contudo, as dificuldades aumentavam:

"Suspendemos o pagamento da dívida externa, por imposição de circunstâncias estranhas à nossa vontade. Não significa isso renegar compromissos. Carecemos, apenas, de tempo para solucionar dificuldades que não criamos e reajustar a nossa economia, transformando as riquezas potenciais em recursos efetivos que nos permitam satisfazer, sem sacrifício, as exigências dos prestamistas... Se não hostilizamos o capital estrangeiro, também, não podemos conceder-lhe outros privilégios além das garantias normais que oferecem os países novos em plena fase de crescimento".

É necessário responsabilizar os políticos e justificar o seu afastamento: "Quero aludir aos atos de extinção dos partidos políticos...

"Teve-se em vista suprimir a interferência dos interesses facciosos e de grupos na solução dos problemas de governo. O Estado, segundo a ordem nova, é a Nação, e deve prescindir, por isso, dos intermediários políticos, para manter contato com o povo e consultar as suas aspirações e necessidades".

A mesma tecla e os mesmíssimos motivos vai repetir, em Porto Alegre, ao povo politizado do Rio Grande do Sul:

"Quando os partidos políticos se dissolveram, não foi apenas por um decreto que determinava sua dissolução, porque, quando ele foi baixado, as agremiações partidárias já não existiam. Os partidos haviam perdido sua razão de ser, ou porque não tinham programa ou porque os seus programas não correspondiam às realidades palpitantes da vida nacional. Eram formas sem substância. Eram bronzes partidos que haviam perdido a sua sonoridade. Hoje, o governo não tem mais intermediários entre ele e o povo. Não há mais mandatários e partidos. Não há mais representantes de interesses partidários. Há sim o povo no seu conjunto e o governante dirigindo-se diretamente a ele, a fim de que, ouvindo os interesses coletivos, possa ampará-los e realizá-los, de modo que o povo, sentindo-se amparado nas suas aspirações e nas suas conveniências, não tenha necessidade de recorrer a intermediários para chegar ao chefe de Estado".

Se os políticos foram alijados da direção dos negócios públicos, Vargas não se quer afastar dos trabalhadores. Aproveitando o Dia do Trabalho, cuja comemoração se fazia em concentrações a que eram levados trabalhadores, em estádios e teatros, a 1° de maio de 1938, dirige-lhes a palavra:

"Nenhum governo, nos dias presentes, pode desempenhar a sua função sem satisfazer as justas aspirações das massas trabalhadoras.

"Quais são as aspirações das massas obreiras, quais os seus interesses?... A ordem e o trabalho!

"Em primeiro lugar, a ordem, porque na desordem nada se constrói; porque, num país como o nosso, onde há tanto trabalho a realizar, onde há tantas iniciativas a adotar, onde há tantas possibilidades a desenvolver, só a ordem assegura a confiança e a estabilidade.

"O trabalho só se pode desenvolver em ambiente de ordem. Por isso, a lei do salário mínimo, que vem trazer garantias ao trabalhador, era necessidade que há muito se impunha".

A calmaria precede a tempestade. O Estado Novo, sustentado pelas Forças Armadas, servido pela vasta estruturação administrativa, mantido pela extensa aparelhagem policial-militar da repressão, parecia forte e estável. Mas aquele movimento profundo, que Vargas denunciara nos pródomos da revolução de outubro que o levou ao poder, fizera-se sentir em novembro de 1935 e se repetiria em maio de 1938. Na primeira vez, foi fácil apresentá-lo como uma insurreição comunista, desconhecendo a verdadeira extensão e ramificações da revolta que reunira comunistas e democratas, os *carcomidos* de 1930 e os *constitucionalistas* de 1932; os descontentes e os antigetulistas em uma conspiração comum, malograda pela precipitação dos comunistas. Deste erro, tantas vezes confessado, autocriticado em público e particular, pessoal e coletivamente aproveitaram-se Vargas e os interessados em estabelecer um sistema autoritário, sob o pretexto de combater o comunismo. Para isso serviu o Plano Cohen, a maior força do combate ao comunismo, plano falsamente apresentado pelo general Pedro Aurélio de Góes Monteiro para arrancar de um Congresso atemorizado o *estado de guerra,* e, com ele, imporem a ditadura reclamada pelos chefes militares e desejada pelo presidente.

Foi neste ambiente de repressão que se rearticulou a conspiração contra Getúlio, os chefes militares responsáveis pelo Estado Novo e o regime totalitário a que foram conduzidos. Eram, em grande parte, os mesmos conspiradores de 1932 e 1935. Apenas, desta vez caberia a ação inicial aos integralistas, decepcionados com o Estado Novo que ajudaram a implantar e de que não souberam se apossar.

No 11 de maio de 1938, nova rebelião, iniciada com o ataque ao Palácio Guanabara, desamparado, no primeiro momento, das forças que o deveriam guardar. Fora organizado, pela primeira vez em nossa pátria, um plano político terrorista, com grupos dirigidos para a captura e extermínio dos adversários, inclusive o presidente da República.

Falhou o ataque inicial. Houve a primeira reação do próprio presidente e seus familiares, logo do ministro da Guerra, General Eurico Gaspar Outra, que galvanizou as forças ainda inertes e dominou o levante. Vargas fala à Nação:

"Assim como ontem, na defesa da integridade e da honra nacional, repelimos os extremistas da esquerda, enfrentamos, hoje, sem vacilações, os extremistas da direita. Ambos se equivalem nos seus meios e objetivos, e encontram igual repúdio na opinião pública...

"Surpreso e indignado diante de tamanha audácia, o povo mede, com precisão, o alcance do crime e os propósitos dos chacinadores, reclamando justiça e a punição dos culpados onde quer que se ocultem: nos cargos públicos, que traíram, no seio da sociedade, que macularam desonrando as tradições de lealdade e o sentimento cristão do povo brasileiro...

"Nas horas tranqüilas, como em meio dos perigos, haveis de encontrar-me em comunhão convosco, honrando as vossas tradições mais puras, defendendo os vossos lares e dignificando a missão que me confiastes".

Dominada a nova conjura, é preciso consolidar o Estado Novo, anunciando suas excelências. Em São Paulo, Vargas tem um auxiliar dedicado, o interventor Adhemar de Barros:

"São Paulo, através das manifestações iniludíveis do seu povo, está inteiramente identificado com os postulados e ideais do Estado Novo.

"Para a formação deste espírito de compreensão do regime, contribuem grandemente, Sr. interventor (Adhemar de Barros), a vossa destacada atuação, a clareza com que aprendestes os princípios do Estado Novo, a sinceridade, a lealdade e a franqueza de vossas atitudes e o desassombro com que sempre vos dirigistes ao povo, sem mistificações e sem pensamentos ocultos...

"É que se formara em todo o País, dos seus centros

urbanos ao seu longínquo interior, uma só consciência de repulsa e de condenação a um regime de artificialismo em que os interesses particularistas, de grupos ou de classes, imperavam e prevaleciam sobre os supremos interesses nacionais e em que o governo era reduzido à impotência e paralisado nas suas múltiplas atividades, para se sustentar entre transigências e capitulações".

No País, a censura àqueles que o combatem e as facilidades de comunicação aos que o aplaudem formam um falso coro de elogios. Mas é preciso formar uma boa imagem do Brasil – Estado Novo no exterior, para onde vazam notícias menos auspiciosas. Daí as entrevistas a jornalistas e escritores estrangeiros, recebidos com festas pelo DIP e seu diretor, Lourival Fontes. Em entrevista publicada em Berlim, Vargas exalta o regime:

"O novo Estado é, antes de tudo, a adaptação do sistema político às realidades próprias do Brasil. Integra todas as forças da coletividade num quadro de ordem, de coesão social e de autoridade de governo. Assegura os fundamentos históricos da Nação, os seus elementos essenciais de existência e os reclamos do seu progresso, ameaçados, comprometidos e sacrificados pela velha ordem de coisas, que não só era incapaz de defendê-los como permitia e, mesmo, estimulava as perturbações facciosas, os regionalismos armados, inconciliáveis com a unidade pátria, e as formações partidárias de índole agressiva, refratárias, por natureza, aos processos democráticos, da mesma sorte que visando ao desmembramento territorial e à subversão da sociedade.

"O combate ao comunismo, como a todas as doutrinas e organizações de caráter internacional que atentem contra a unidade da nação e a sua estrutura política e social, é, agora, muito mais efetivo e organizado, tanto pelos meios próprios de que se investiu o Estado para realizá-lo quanto pelo sentido ideológico do regime, que apenas admite um partido nacional, sobrepondo as necessidades coletivas ao excesso das liberdades individuais, e exclui qualquer atividade política com finalidades contrárias ou inadaptáveis à ordem instituída. (...)

"Conservando as linhas tradicionais da federação orgânica e o que existe de substancial no sistema de opinião, como a autonomia dos estados, a forma democrática e o processo representativo, o Estatuto de 10 de novembro criou, entretanto, uma nova estrutura legal. Entre as modificações profundas operadas pelo novo regime, apresentam-se: a limitação do sufrágio universal direto, só aplicável a determinadas questões acessíveis a todos os cidadãos, tornando, assim, a representação mais verdadeira; o município como base nuclear do sistema político; a substituição do princípio da independência dos poderes pelo da supremacia do Executivo; o fortalecimento do poder da União; a participação efetiva e eficiente da economia, pelas suas organizações próprias, na obra integradora e construtiva do Estado.

"O novo sistema consagra o governo de autoridade, instituindo como regra a declaração legislativa, dando ao presidente da República poderes para expedir decretos-leis quando não estiver funcionando o Parlamento, atribuindo-lhe, ainda, a prerrogativa de dissolvê-lo em casos especiais, e tirando do Judiciário o privilégio de supremo intérprete de constitucionalidade, ou inconstitucionalidade, das leis que envolvam interesses públicos de alta monta. Estes, postos à guarda do Estado, sempre se sobrepõem aos interesses privados.

"Profundamente nacionalista, o regime assegura e consolida a unidade nacional, faz restrições formais à autonomia dos estados, suprimindo símbolos regionais, estendendo os casos de intervenção, estabelecendo a supremacia das leis federais sobre as locais, nos casos de concorrência legislativa, atribuindo ao poder central a faculdade de requisitar, a cada momento, as milícias estaduais etc.

"As profissões se representam em câmara própria e

independente, com funções consultivas em todos os projetos que digam respeito à economia nacional e, eventualmente, com funções legislativas.

"Operou-se, deste modo, transformação profunda nas bases ideológicas e na estrutura jurídica do Estado, ao mesmo tempo que se estabeleceu a eficiência do combate ao comunismo, tanto pelos elementos de ação do poder público como pela maior coesão das forças sociais".

Depois da Alemanha de Hitler, a Itália de Mussolini. Em entrevista ao *Corriere della Sera,* em resposta à indagação das causas que o induziram a decretar a nova Constituição nas vésperas das eleições presidenciais, Vargas responde:

"Poderia afirmar que foi a própria situação eleitoral, evidenciando ainda mais a gravidade da situação política interna e precisando a necessidade de uma coordenação disciplinadora das energias nacionais. De fato, no instante em que as manobras de um subversivismo insidioso se tornavam mais intensas e impunham aos dirigentes ação mais enérgica, mais decidida, de depuração, assistia-se, infelizmente, a um duelo demagógico eleitoral que tendia a um maior relaxamento do poder central, e, por conseguinte, do controle que o Estado tem a obrigação de exercer contra as propagandas subversivas. O governo era obrigado, continuadamente, a lutar contra um Parlamento que, embora lhe concedesse, a intervalos, os meios de enfrentar situações difíceis, não deixava de ser o fomentador da dispersão de energias patrióticas. A democracia existia em teoria mas não em ato. Reformamos em 1934 a Constituição, para extinguir os regionalismos hegemônicos e para proporcionar ao povo a possibilidade de ser livre na escolha de seus legítimos representantes legislativos, mas os homens políticos recaíram nos antigos defeitos. Assim, quando todos deviam estar reunidos e preparados para combater uma nova tentativa comunista; quando devíamos dar nobre exemplo de disciplina patriótica, a ambição desmedida de alguns preparava uma guerra civil, e a demagogia irrefletida de outros protegia os agentes do Komintern".

A guerra reponta na Europa. Primeiro na Espanha, depois nas invasões do nazismo sob a alegação de proteger minorias alemãs. Logo virá o sacrifício da Polônia e o deflagrar do grande conflito. O totalitarismo parece triunfante. Mas há um mundo democrático, do outro lado do Atlântico, com a França e a Inglaterra. Vargas fala a um jornalista do *Paris-Soir*, a 17 de julho de 1939:

"No regime atual, as relações entre o indivíduo e o Estado estão nitidamente definidas, num conjunto de direitos e deveres. Nem o indivíduo se opõe ao Estado, no velho conflito, que degenera, freqüentemente, em agitações demagógicas, da concepção liberal clássica, nem o Estado o reduz à posição de escravo, segundo algumas fórmulas extremadas dos tempos modernos. Toda a originalidade do Estado brasileiro reside na hábil dosagem de um sistema de direitos e deveres recíprocos. Nesse sistema, o Estado reflete a vontade da nação organizada, como entidade viva, e o cidadão, tendo lugar marcado dentro da organização nacional, dispõe de espaço livre para o exercício de suas liberdades fundamentais".

Anuncia um novo conceito de democracia, em experiência no Brasil:

"Em primeiro lugar, devo salientar o espírito do regime brasileiro. O que existe nele de essencial é uma revisão dos velhos conceitos da democracia meramente formal. Nenhum regime pode divorciar-se da realidade; e a noção da realidade é fundamentalmente dinâmica, não estática. A Grande Guerra abriu um novo período histórico, o que quer dizer, desde logo, que outro ciclo se encerrou. Para que a democracia continuasse a viver, num clima político e psicológico tão diferente da fase que a violência das armas subverteu, ameaçando-nos ainda com a violência de novas idéias, urgia adaptá-la no sentido da terrível lição dos fatos. A imutabilidade, sendo a lenta destruição do Estado democrático, conduz-nos a este absurdo; a sua própria negação, pela passiva permissão das doutrinas contrárias à sua existência. Se a democracia não é incompatível com a ordem e tem capacidade para se defender das forças destruidoras que lhe invadem os quadros, o regime de 10 de novembro veio a fortalecê-la, armando-a contra os inimigos de dentro e de fora. Se por democracia se deve entender a instabilidade crônica, como a desordem dos partidos e a luta das facções, salvamos então o Brasil dessa ordem de coisas".

A 20 de outubro de 1939, o presidente faz uma declaração aos jornalistas, na A.B.I. (Associação Brasileira de Imprensa), definindo a posição de seu governo face ao conflito mundial. É a tese da neutralidade que manterá, resistindo à visão profética de Oswaldo Aranha:

"Os conflitos internacionais, restritos e localizados desde 1918, assumem hoje proporções de suma gravidade, envolvendo os grandes povos criadores da civilização ocidental. De nossa parte, como americanos e como brasileiros, só temos de os lamentar. Politicamente, nada nos prende aos beligerantes. Não existem, nesta ou naquela parcialidade, laços profundos de linguagem ou de costumes que nos arrastem e empolguem irremediavelmente. Eqüidistantes de ambos os grupos pelo pensamento político, não temos, para entrar na luta, sequer, a justificativa dos interesses econômicos, que constituem, geralmente, nos dissídios entre os povos, o núcleo gerador dos choques armados. São esses, ainda agora, os motivos determinantes do conflito europeu, que perde, a cada novo episódio, o caráter de luta entre ideologias antagônicas. As alianças formam-se ou desaparecem, não por efeito das afinidades ideológicas, mas pelo cálculo e ajustamento dos interesses em equação, que reduzem ou acomodam, facilmente, as chamadas divergências de ordem doutrinária.

"A consciência popular brasileira ditou-nos, imperativamente, o caminho a seguir. Decretando a lei de neutralidade, procuramos, ao mesmo tempo, pela participação ativa na Conferência do Panamá, estreitar ainda mais os laços de solidariedade que nos ligam aos povos do continente americano".

A centralização administrativa, a concentração de poderes nas mãos do presidente tornaram possível um avanço prodigioso na questão da siderurgia, que se beneficiara da fraqueza do Legislativo. Vargas aproveita a oportunidade para falar, em Porto Alegre, a 12 de março de 1940:

"Foi assinado mais um decreto criando a Comissão de Siderurgia e nomeando as pessoas que devem constituí-la. Tem ela por objetivo a organização de uma companhia nacional para a fundação da grande siderurgia. Já temos, entre a contribuição particular e a do Estado, o numerário suficiente para levar a efeito tal empreendimento.

"Paralelamente ao problema da siderurgia, será estabelecido o plano de aproveitamento do carvão nacional próprio à produção do coque metalúrgico.

"Com a exploração do petróleo, a criação da siderurgia e o aproveitamento do carvão nacional, o Brasil irá girar em torno de um novo eixo econômico, com tal solidez e em tais proporções, que se alterará, até, o teor da nossa vida".

Outro *Dia do Trabalho,* a 1º de maio do mesmo ano, enseja mais uma mensagem aos trabalhadores, apresentando-lhes os benefícios da política desenvolvida pelo governo:

"Os benefícios da política trabalhista, empreendida nesses últimos anos, alcançam profundamente todos os grupos sociais, promovendo o melhoramento das condições de vida nas várias regiões do País e elevando o nível de saúde e bem-estar geral. A ação tutelar e previdente do Estado patenteia-se, de modo constante, na solicitude com que se criam os serviços de proteção ao lar operário, de assistência à infância, de alimentação saudável e barata, de postos de saúde, de creches e de maternidades, instituindo o ensino profissional junto às fábricas e, ultimamente, voltando as suas vistas para a construção de vilas operárias e casas populares".

Falando em Belém, a 8 de outubro, apresenta o balanço de seu governo, relacionando as conquistas dos trabalhadores:

"No longo período de sete anos, muito fizemos, vós proletários e o governo, que vos ampara numa troca contínua de colaboração e de esforços: a lei dos dois terços assegurou a predominância do trabalhador nacional, até então esquecido nas fábricas cujos proprietários não lhe reconheciam esse direito; a lei de sindicalização conferiu aos trabalhadores a representação social e a colaboração através de seus órgãos representativos nos altos conselhos do governo; a lei de oito horas de trabalho e a lei de estabilidade nas funções evitaram que o proletário continuasse vítima do arbítrio e da prepotência; as caixas de aposentadorias e pensões deram aos operários a garantia e a segurança de uma velhice tranqüila e, também, o amparo às suas mulheres e aos seus filhos, na viuvez e na orfandade; a lei do salário mínimo assegurou ao proletário o direito de viver com decência e conforto; a Justiça do Trabalho deu-lhe a forma de garantir, prática e seguramente, o reconhecimento dos seus direitos".

O mês de novembro apresenta duas efemérides particularmente ligadas a Vargas: a posse no governo provisório, a 3 de novembro de 1930, e a implantação do Estado Novo, a 10 de novembro de 1937. Em 1940, na véspera desta última comemoração, ele relembra o comício da Esplanada do Castelo com que inaugurou a campanha da Aliança Liberal:

"Há dez anos passados, à tribuna popular improvisada na Esplanada do Castelo, neste momento local, subiu um candidato que se apresentava com um programa de renovação nacional. Trazia, até então, propósitos pacíficos; não havia no seu espírito a idéia de fazer uma revolução. Estávamos numa época em que se dizia existir, no Brasil, um regime democrático, e o candidato pretendia experimentá-lo, apresentando-se às urnas livres para ser eleito pelo voto popular e depois, dentro dos quadros legais, realizar um programa...

"...Aludi, há pouco, à existência de uma organização democrática, perante a qual a liberdade de voto era um direito. Pois bem, a eleição foi uma farsa.

"O movimento revolucionário irrompido a 3 de outubro era uma reação espontânea, incoercível, da consciência brasileira. Ninguém poderia conter a Revolução, porque ela já estava feita nas almas.

"E foi assim que o candidato da campanha eleitoral de 1929 chegou à suprema magistratura do País.

"Veio o 10 de novembro, movimento orgânico, completo e integral, que, dando estrutura política às reivindicações de 1930, restaurou o Brasil nas suas tradições históricas e nas glórias do seu passado, integrando-o nas realizações do seu presente e nas aspirações do seu futuro. A Revolução continuava e entrava, afinal, no seu período construtor.

"O 10 de novembro não teve vencedores nem vencidos. Não derramou uma gota de sangue brasileiro. E, por isso, todos os patriotas podem encontrar-se no regime por ele instituído para colaborar na obra de reconstrução nacional".

A tese da neutralidade, que Vargas pregara e a que se apegara, fora ultrapassada pelos acontecimentos. Os sucessos externos, notadamente o desenrolar da guerra na África, abalaram a crença da imbatibilidade do exército alemão que tanto entusiasmara chefes militares do Brasil. Os Estados Unidos foram atacados em Pearl Harbour e reclamaram a solidariedade continental que Oswaldo Aranha lhes assegurou. Nossa atitude irritara Hitler, levando-o a atacar os navios brasileiros. Vargas mostra-se sensível aos reclamos de seu povo. A comemoração do quinto aniversário do Estado Novo vai ser a oportunidade para definir os rumos agora traçados à política internacional:

"A Conferência dos Chanceleres realizada em janeiro deste ano (1942) teve por conseqüência o rompimento das relações diplomáticas e econômicas com os países do Eixo, único meio de que dispúnhamos para impedir que, à sombra de imunidades e por meio de organizações ilegais, se conseguisse prejudicar os interesses dos povos americanos.

"Alguns meses decorridos, sem que houvesse atos de hostilidade da nossa parte, fomos provocados da maneira brutal que todos conhecem. Em legítima defesa da nossa honra, fizemos o que nos cumpria. Declaramos o estado de beligerância com os agressores e nos tornamos aliados das nações que defendem os princípios da liberdade e autodeterminação dos povos contra as que preferem a política de presa, a invasão *manu militari* e o assalto organizado às populações pacíficas e laboriosas. Empenhados nas tarefas de desenvolvimento interno, não desejávamos a guerra. Tivemo-la, entretanto, e o que agora nos cabe fazer está na consciência de todos os brasileiros".

A guerra continua, apresentando fatos surpreendentes. A Itália declara guerra ao Reich. O Conde Ciano, genro de Mussolini, é aprisionado por um grupo de antifascistas. Molotov, Eden e Cordell Hull reúnem-se em conferência, em Moscou. A FEB e a FAB aprestam-se para seguir, ainda a tempo de combater na Europa. Vargas inaugura o novo edifício do Ministério da Fazenda, na Esplanada do Castelo, onde começou a pregação do candidato. Sentindo-se forte com a nova posição, prestigiado por Roosevelt, declara que o reajustamento político da Nação só virá depois de terminada a guerra. Neste discurso fez alusão aos "leguleios em férias" que se tornou famosa:

"Não temos tempo para desperdiçar na interpretação

de fórmulas ideológicas e no exame das conveniências políticas de simples finalidade eleitoral. No fundo da nossa consciência sentiríamos remorsos se contribuíssemos para lançar o povo brasileiro nos excessos de uma agitação partidária com o fim de tranqüilizar os pruridos demagógicos de alguns leguleios em férias. É singular e merece reparo irônico que esses inquietos reformadores, improvisados, sempre conhecidos no cenário político pelas suas tendências retardatárias, se erijam em profetas democráticos, exatamente na ocasião em que os povos de velha estrutura representativa preferem adiar as convocações à vontade popular e manter os chefes nos seus postos. Quando terminar a guerra, em ambiente próprio de paz e ordem, com as garantias máximas à liberdade de opinião, reajustaremos a estrutura política da Nação, faremos de forma ampla e segura as necessárias consultas ao povo brasileiro. E das classes trabalhadoras organizadas traremos de preferência os elementos necessários à representação nacional: patrões, operários, comerciantes, agricultores... A primazia nas posições de direção, controle e consulta caberá aos que trabalham e produzem, e não aos que se viciaram em cultivar a atividade pública como meio de subsistência e instrumento de simples acomodações pessoais".

O destacamento da FEB vai substituir o *Task Force* 45 americano em uma frente de nove quilômetros. A presença de nossos *pracinhas* e a política do governo brasileiro elevaram o Brasil à mais alta posição já ocupada no cenário mundial. Getúlio Vargas e Oswaldo Aranha enfileiram-se com os maiores estadistas do momento. Vargas expõe esta situação:

"Eis, na realidade, a posição atual do Brasil no mundo. Já não somos, como há poucos lustros, uma simples comunidade semicolonial, presa à produção de dois ou três produtos tropicais e dependendo em tudo, ou quase tudo, da importação de artigos manufaturados. Pusemos em relevo os próprios valores econômicos, inclinamos a balança da produção para o setor industrial, iniciamos, finalmente, a exploração das riquezas do nosso subsolo, tão louvadas sempre e tão pouco conhecidas. E o que é mais: fizemos, neste período convulsionado da vida internacional, realçar o nosso papel no concerto das grandes nações.

"O problema institucional do País também não deve causar-nos apreensões. Já foi simplificado com as reformas de 1937, de profundo e sadio sentido democrático, que incorporaram à vida política boa parte da população ativa, dos trabalhadores e produtores da riqueza nacional, colocando em primeiro plano os interesses do povo, a segurança da comunidade. Terminada a guerra, em ambiente de calma, a nação, através de ampla consulta às urnas, poderá pronunciar-se e fazer a livre escolha dos seus mandatários".

O ano de 1945 inicia-se auspicioso para Vargas. Ele, ao menos, assim pensava. A 1º de maio, volta a dirigir-se aos trabalhadores, em um comício gigante, quando a massa popular o aplaude entusiasticamente:

"Em relação aos trabalhadores, realizamos quanto foi permitido, e mesmo muito mais. As promessas do candidato da Aliança Liberal e as afirmativas do discurso de posse do chefe do governo provisório, em 3 de novembro de 1930, foram ultrapassadas, pois conseguimos organizar o trabalho nacional seguindo os princípios cristãos de justiça social, sem abalos econômicos e políticos.

"O trabalhador brasileiro possui hoje o seu código de direitos, a sua carta de emancipação econômica. E sabe, perfeitamente, o que isto vale, o que isto representa como patrimônio cultural e material, sobretudo na hora de lutas e incertezas que vive o mundo, quando os povos civilizados sofrem provações tremendas, divididos e dizimados pela guerra.

"Já fiz a minha parte na grande tarefa de mobilizar, para o engrandecimento comum, as forças criadoras da nacionalidade. Ultimada a recomposição política e reajustados os quadros governamentais, retornarei às atividades de simples cidadão, recolhendo-me à vida privada. Por isso mesmo, quero repetir o que disse noutra oportunidade: os trabalhadores nunca me decepcionaram. Encontrei neles, invariavelmente, incentivo para governar acima das preocupações particularistas, para lançar os grandes empreendimentos nacionais e decidir, nos momentos difíceis, sobre os nossos destinos comuns. Em compensação por essa solidariedade inquebrável, empenhei-me a fundo pela concessão de garantias legais e de amparo econômico a todas as classes de trabalhadores.

"Com os preliminares da reforma institucional e a próxima promulgação da lei eleitoral, que vai dar ao País os meios de escolher livremente os delegados de sua confiança, surgirá a oportunidade de apurar democraticamente os legítimos valores nacionais.

"Digam o que disserem, neguem por negar, a qualquer observador de bom senso não escapa a evidência do progresso que alcançamos no curto prazo de quinze anos. Éramos, antes de 1930, um país fraco, dividido, ameaçado na sua unidade, retardado cultural e economicamente, e somos hoje uma nação forte e respeitada, desfrutando de crédito e tratada de igual para igual no concerto das potências mundiais. E essa é a nossa obra, trabalhadores; esses são os nossos títulos de confiança pública; essa é a situação excepcional que criamos para a nossa pátria e que ninguém pode ter a ousadia, o desplante de menosprezar e denegrir. Mas essa obra é também do Estado nacional.

"Não é demais repetir aos que, por teimosia, paixão ou má-fé, atribuem ao governo tendências totalitárias, ter sido esse mesmo governo que colocou o 'fascismo' fora da lei muito antes de deflagrar a guerra mundial, que preparou o País para a defesa contra a agressão 'nazi-fascista' e o conduziu, mais tarde, aos compromissos com as nações aliadas. Os nossos atuais acusadores se esquecem de que, mesmo antes de sermos agredidos e levados à beligerância, já mantínhamos estreita cooperação política, econômica e militar com os Estados Unidos, fornecendo-lhes materiais estratégicos e permitindo-lhes utilizar as nossas bases aeronavais do Nordeste.

"A candidatura do general Eurico Dutra, chefe militar com assinalados serviços à defesa nacional, merece a confiança da Nação e já reúne a maioria das suas forças políticas. Reconhecendo isso, os adversários se desvairam, manejando as armas da intriga e conspirando na sombra. Ora propalam que devo ser deposto, ora assoalham que pretendo, por um golpe de força, continuar no poder. Como não se apóiam em idéias, como não têm programa de ação pública, adotam os processos fáceis e gastos de turbulência demagógica. Nada conseguirão. O povo brasileiro está politicamente amadurecido para escolher o que lhe convém.

"Quanto aos 'golpistas' e aos reacionários de toda espécie que pretendem interromper o trabalho e a tranqüilidade do povo brasileiro, eu desafio que o façam. Qualquer tentativa de perturbação da ordem será reprimida severamente. Sem temer ameaças, cumprirei o compromisso de garantir a todos a livre manifestação das opiniões e o exercício do direito de voto. Manterei a ordem, realizarei as eleições e passarei o poder a quem for legitimamente eleito pelo povo".

Ainda no mesmo tom, falará a 7 de setembro expondo a posição do Brasil na vida internacional e tratando da situação interna:

"A posição do Brasil na vida internacional nunca foi de tanto prestígio e segurança. Sustentamos com as nossas próprias armas, o direito de existir entre os povos livres. Finda a luta, não reclamamos vantagens. Queremos, antes de tudo, que, na recomposição das relações entre os povos, prevaleçam os princípios de justiça e igualdade. Depois das deliberações de São Francisco, a próxima reunião de chanceleres americanos em nossa capital vai assentar o que nos cumpre fazer na reafirmação do pacto continental. A escolha é uma honra para nós e concorrerá para fortificar os postulados básicos da solidariedade interamericana. Em 1941, aqui construímos os fundamentos da união continental: um quatriênio decorrido, no mesmo ambiente, vamos reestruturar os princípios da paz.

"A nossa situação interna, malgrado as perturbações inevitáveis da guerra, cujos reflexos não podem desaparecer rapidamente, é de estabilidade e progresso. A agitação de natureza política não abalou, felizmente, os resultados favoráveis do trabalho nacional. Coerente com as reiteradas afirmações feitas de público desde 1944, o governo tomou as medidas necessárias à recomposição dos quadros institucionais do País. Fez a reforma constitucional, concedeu anistia e decretou a Lei Eleitoral. Existe ampla liberdade de expressão e propaganda. As correntes de opinião se organizam em partidos, acelera-se o processo de alistamento e a justiça eleitoral já funciona em todo o território nacional. Num ambiente de garantias reais, o País se prepara para escolher os seus altos representantes e mandatários. Os resultados das urnas decidirão, soberanamente, sobre os rumos da nossa recomposição política. Como chefe de governo prometi eleições livres e honestas e quero presidi-las com absoluta isenção e segurança. Nada mais pretendo. Já o disse em várias oportunidades e o reafirmo agora.

"O povo brasileiro possui hoje uma mentalidade política bem diferente da que imperava nas antigas campanhas eleitorais. Sabe o que quer e há de decidir por si mesmo na hora de votar. Para tanto, não lhe faltarão garantias e a liberdade de escolher entre os que forem dignos da sua confiança".

Três dias depois, arranca a bandeira da anistia das mãos da oposição, contemplando os culpados de crime de injúria ao poder público. Liberta democratas, integralistas e comunistas, inclusive Luís Carlos Prestes. A 3 de outubro, recebendo uma manifestação *queremista,* no Palácio Guanabara, solenemente, afirma que *não será candidato.*

A onda se avoluma. A 10 de outubro, Vargas fala, pela última vez, como presidente, ao Partido Trabalhista Brasileiro. Afirmou que não se cogitava de qualquer outra modificação, nem de golpes ou atos secretos como se anuncia com propósitos de desordem. E acentuou que, assim, podia dar aos trabalhadores em geral, às classes populares e mesmo aos funcionários um conselho – o de que viessem reforçar as fileiras do Partido Trabalhista Brasileiro. Essa atitude tinha quatro assinaladas vantagens: 1ª) defender os trabalhadores das tendências de absorção por parte de elementos extremistas; 2ª) evitar que os operários constituam uma massa de manobra para os políticos de todos os tempos e de todos os matizes, os quais, depois de eleitos pelos trabalhadores, se esqueçam dos compromissos para com eles assumidos; 3ª) que os trabalhadores deviam ir às urnas escolhendo os representantes saídos de seu seio e intérpretes de suas aspirações; e 4ª) que esses representantes farão valer suas opiniões para uma organização constitucional em bases verdadeiramente democráticas.

A 29 de outubro, é deposto. Esta é a sua mensagem ao povo brasileiro:

"Em todos os momentos decisivos de minha vida pública sempre procurei pairar acima das paixões e choques personalistas, pensando somente no bem da pátria.

"Não me afastarei ainda agora dessa atitude de serena elevação. Abstenho-me de analisar os graves acontecimentos que me levaram a renunciar ao governo a fim de evitar ao País maiores males e abalos irreparáveis.

"A História e o tempo falarão por mim, discriminando responsabilidades.

"Ao afastar-me da vida pública quero apenas dizer aos brasileiros palavras de compreensão e de confiança nos seus juízos definitivos.

"Não tenho razões de malquerença para com as gloriosas Forças Armadas da minha pátria, que procurei sempre prestigiar. Nenhum governo se esforçou mais do que o meu pelo seu fortalecimento. Nenhum outro cuidou tanto da sua preparação profissional, do selacionamento dos seus quadros, do seu aparelhamento material, da melhoria de suas condições de trabalho e conforto.

"Ao povo brasileiro procurei servir sempre, defendendo com intransigência as suas aspirações e legítimos interesses.

"Faço votos para que a serenidade volte aos espíritos e todos se compenetrem das tremendas responsabilidades do momento.

"Não guardarei ódios nem prevenções pessoais.

"Os trabalhadores, os humildes, aos quais nunca faltei com o meu carinho e assistência – o povo, enfim, há de me compreender.

"E todos me farão justiça".

A 31 de outubro embarca para São Borja, pretendendo recolher-se ao silêncio. *O Globo* consegue a única entrevista dessa época, publicada a 5 de novembro. O presidente do Supremo Tribunal Federal, ministro José Linhares, quer presidir a nação "como um magistrado" e assim agir nas próximas eleições. As duas candidaturas postas, do brigadeiro Eduardo Gomes e do general Eurico Gaspar Outra, disputam a preferência dos partidos e o apoio dos eleitores. João Neves da Fontoura vai ao Sul e obtém de Vargas pronunciamento a favor de seu ministro da Guerra. Dutra, interessado nesse apoio decisivo, faz declarações de que manterá seu governo dentro da linha pragmática do PTB (Partido Trabalhista Brasileiro), que continua ligado a Vargas.

Ele disse é o *slogan* com que se faz promoção e ordem de comando:

"As ocorrências de 29 de outubro foram o resultado de erros e confusões das quais nos devemos dar quitação recíproca. As Forças Armadas do Brasil devem estar acima de suspeitas facciosas e não podem ser consideradas em causa nas lutas partidárias.

"O momento não é de nomes, mas de programas e de princípios. Recentemente, em mensagem, aconselhei aos trabalhadores que cerrassem fileiras em torno do programa do Partido Trabalhista Brasileiro, representante e defensor dos seus interesses.

"O general Eurico Gaspar Dutra, candidato do PSD, em repetidos discursos e, ainda agora, em suas últimas declarações colocou-se dentro das idéias do programa trabalhista e assegurou a esse partido garantias de apoio, de acordo com as suas forças eleitorais. Ele merece, portanto, os nossos sufrágios".

O pleito realizado a 2 de dezembro transcorreu em perfeita ordem, com grande comparecimento de um povo que não votava numa eleição presidencial desde 1930. A primeira impressão, colhida do entusiasmo das ruas das grandes cidades, profetizando a vitória do brigadeiro, foi-se modificando à proporção que eram conhecidos os resultados. Dutra anunciava a sua vitória e acabaria obtendo 55 por cento da votação nacional, com diferença acentuada em São Paulo, Minas Gerais e Rio Grande do Sul, enquanto Eduardo Gomes se mantinha com 35 por cento dos votos. O terceiro candidato, o engenheiro Yedo Fiuza, apresentado pelos comunistas, conseguia 10 por cento da votação.

Vargas é eleito senador pelo Rio Grande do Sul e São Paulo, prevalecendo o primeiro mandato, pela precedência do registro da candidatura no STE. Encabeça a chapa do PTB em nove estados, formando, com sua votação, a primeira bancada trabalhista na Câmara dos Deputados. Poucas vezes vem ao Rio, tendo tido atritos com adversários, na Constituinte, cuja carta não assina.

O PTB reúne-se, em Convenção, em Porto Alegre, a 2 de outubro de 1946. Cabe ao seu idealizador traçar os seus rumos:

"O Partido Trabalhista Brasileiro tem dois grandes

objetivos a realizar. Um é o de manter intatas as conquistas das leis trabalhistas outorgadas no meu governo. É preciso que nenhuma delas sofra sequer uma restrição, mas que continue a sua evolução normal, batendo-se o Partido Trabalhista para que essa legislação social se vá cada vez mais aperfeiçoando.

"O outro dos objetivos do Partido Trabalhista é que, sendo um partido de massas, e tendo fins concretos, tem também grandes ideais. É um partido de idealistas, cujo raio visual se estende e confunde com os horizontes da nossa pátria.

"É necessário que os trabalhadores se organizem em partidos com programas concretos, contendo-se neles todas as suas reivindicações, a fim de que, através dos mesmos, pelo seu número e prestígio, possam tirar do seio da massa os seus delegados e representantes, que hão de fazer valer, nos parlamentos, os seus direitos. Por conseguinte, mais do que nunca é indispensável que a massa trabalhadora se aliste no Partido Trabalhista, a fim de torná-lo uma força irresistível e que a opinião pública, através dele, se faça manifestar...

"É que nós estamos, por enquanto, apenas numa democracia política, quando os trabalhadores a têm que completar com a democracia econômica.

"A democracia política e a econômica a que estamos assistindo no momento são ainda os vestígios, como afirmou um dos vossos oradores, do velho liberalismo burguês, fora de época e inteiramente fora dos ensinamentos da política moderna. Por isso nós estamos, em matéria de política, no regime dos intermediários que, eleitos pelos partidos para um determinado fim e programa a executar, fazem coalizões e reuniões políticas à revelia do povo.

"A democracia econômica não se pode organizar sem o prévio planejamento. Este tem de ser realizado para a economia da coletividade não ser desfrutada por meia dúzia de privilegiados. Esse planejamento econômico é que coloca a produção subordinada aos interesses da comunidade e não aos das minorias. Por conseguinte, nós todos devemos nos empenhar em trabalhar para isso, para a organização dessa democracia planificada, a fim de que ela constitua a defesa dos trabalhadores. É nessa democracia que me alisto convosco, para conseguirmos realizar o engrandecimento do Brasil e a prosperidade de todos os brasileiros".

Discursando em Salvador a 13 de janeiro de 1947, aponta o socialismo como o caminho preferencial ao marxismo:

"O caminho da evolução social é o socialismo, e não o materialismo histórico. Na terra da inteligência não é possível acreditar na aridez materialista...

O Brasil socialista, o Brasil de amanhã, se projetará no concerto das nações, com o concurso do vosso exemplo e da vossa altivez, como um país que compreende a evolução e realiza a sua transformação no quadro superior das idéias, sem ódios, sem paixões e sem rancores, assegurando a todos o direito de viver com dignidade".

Sua pregação vai se fazer ouvir a 16, criticando o regime vigente:

"Depois que se disse ter sido instalada a democracia, os males cresceram e pouco se fez para remediá-los. Só se cuidou de destruir a expressão popular e restabelecer os grupos políticos e financeiros destroçados em 1930.

"A democracia deve associar o regime da liberdade ao da responsabilidade.

"O que vigora no Brasil, porém, é uma democracia capitalista ou, antes, uma plutocracia. A liberdade política é uma burla, porque lhe falta a igualdade social.

"No regime da democracia capitalista, liberdade é faculdade de agir dentro da lei. Mas, se a lei é feita para defender os interesses criados sob a base de verdadeiros privilégios, a luta se travará para a defesa destes, através de trustes e monopólios".

Segue-se um prolongado silêncio do exilado voluntário de Itu. O governo Dutra transcorre apoiado em uma aliança do PSD, que o indicou, com a ala moderada da UDN, que combateu a sua candidatura. O PTB foi deixado de lado, até que, novamente, a sucessão presidencial agita os meios políticos.

Antes que se declare a competição, várias fórmulas serão tentadas a fim de salvar a coligação de forças no poder. O acordo interpartidário, a fórmula Jobim, a fórmula mineira são, sucessivamente, testadas e postas de lado. Em março de 1949, o *Correio do Povo,* de Porto Alegre, entrevista o ex-presidente, que declara não ser candidato. Começa a revoada de aviões ao seu rincão, levando políticos e jornalistas interessados em ouvi-lo.

Diante dos impasses que paralisam, a cada nova manobra, o desdobramento da questão, Vargas marca a sua posição: "Quanto a mim, só com o povo tenho compromisso".

O ano de 1950 começa com uma mensagem de Vargas:

"Vieram de longe solicitar-me com insistência uma mensagem aos brasileiros de todos os quadrantes da pátria, do Norte, do Centro e do Sul, especialmente aos trabalhadores, aos pequenos e aos humildes, pela passagem do Natal e pela entrada de um novo ano.

"Não era a mim que se devia fazer essa solicitação, e sim a quem, por dever de ofício e pela soma de poderes que enfeixa, poderia contribuir para que, no lar dos pobres, houvesse mais pão e que seus filhos tivessem também um mimo que não fosse apenas privilégio dos ricos.

"Estou hoje noutro plano, observando de baixo para cima. Isso ensinou-me muitas coisas. Pude ver e sentir do seio do povo a prepotência dos poderosos do dia, a ganância dos ambiciosos, o cinismo dos áulicos e negocistas que traficam à sombra do poder.

"De outubro de 1945 até o presente, vejamos o que aumentou neste grande país: aumentou o custo de vida

100%, aumentaram todos os impostos cerca de 140% e aumentou a receita pública de quase o triplo. Mais do que isso, aumentou também a respectiva despesa. Ainda aumentaram a dívida pública, os déficits orçamentários, os da balança comercial e de contas. Aumentaram as emissões de papel-moeda em mais de 9 bilhões. Em compensação, algo deve ter diminuído. Sim, diminuiu a produção nacional e quase sumiram as reservas de ouro que lastreavam nossa moeda. Não culpo a ninguém. Registro fatos. Deve existir algo errado que é preciso corrigir.

"O silêncio, a meditação, o estudo, convenceram-me que só uma reforma de base pode salvar o Brasil. Restabeleçamos a confiança dos brasileiros em si mesmos e tracemos um plano de grande envergadura. É necessário já não só uma planificação econômica, mas um plano integral de reorganização nacional para combater a subprodução, o subconsumo, a subcultura, a subnutrição e a desorganização geradora de uma subdemocracia, dominada por parasitas e intermediários que exploram o produtor e o consumidor.

"Não faço mais que reproduzir o conceito dos entendidos: torna-se indispensável o reerguimento do povo brasileiro, feito por técnicos e não pelos representantes de interesses suspeitos. Precisamos defender o povo, esse povo brasileiro, bom, generoso, paciente e sofredor, ludibriado por falsas promessas e massacrado quando protesta.

"Minha nova espécie de vida aproximou-me mais da classe rural, dos trabalhadores do campo, que constituem 70% da nossa população.

"Deve-se promover uma reorganização agrária, associar o capital e a técnica, mecanização, associação, cooperativismo. É preciso fortalecer o mercado interno e melhorar as condições de vida do trabalhador rural, bem como tornar efetiva e aperfeiçoar a legislação social em benefício do trabalhador urbano.

"Renovação ou perecimento, é o dilema que nos aguarda. E somente pela organização e pela luta poderemos vencer.

"Que Deus se compadeça de todos nós para travarmos o bom combate em benefício da paz e da felicidade dos brasileiros".*

Oferece a palavra de paz, favorável a um movimento de conciliação, com a desistência dos candidatos, já postos na mesa. Não aceitam sua mediação. No dia 10 de março, o líder trabalhista José Vecchio anuncia o propósito de realizar, em 19 de abril, aniversário de Vargas, um comício para lançamento de sua candidatura, tendo obtido dele o seguinte pronunciamento: "Vivo cercado de políticos de todas as estirpes. Vivo preso, sem poder me pronunciar. Façam, pois, o que julgarem conveniente e não os desampararei. Aqui traço os meus planos e sei onde encontrarei os meus amigos, no momento preciso".

Um moço estancieiro, seu vizinho, João Belchior Marques Goulart, conta que "os velhos amigos apareceram aos magotes. Às vezes, numa só tarde, quatro ou cinco aviões descarregavam lá na fronteira toda uma legião de antigos companheiros, ressurretos, que se misturavam com os cristãos novos do getulismo. Cada um tinha o seu candidato para o lugar do general Dutra. Ao que eu sabia, nenhum se lembrou do nome dele, Getúlio. Ele servia como grande eleitor, mas não como candidato. Resolvemos, então, eu e alguns companheiros do PTB, precipitar as coisas. A pressão nacional para que Getúlio se candidatasse vinha de todos os cantos do País. Até que, no dia 19 de abril de 1950, seu aniversário, lá na Granja São Vicente, de minha propriedade, uma concentração trabalhista arrancou, finalmente, do Dr. Getúlio a decisão: 'Levai-me convosco', disse ele".

A 6 de junho, o Diretório Nacional do PTB resolve encaminhar à Convenção Nacional o nome de Getúlio Vargas.

---

* *Correio do Povo*, edição de janeiro de 1950.

É quando escreve ao Senador Salgado Filho agradecendo a honra e historiando a sua conduta em todo o processamento sucessório, para que se tentasse o encontro de um candidato comum. Não fora por sua culpa que não se chegara a um entendimento geral. E, ainda agora, postas as candidaturas pelos diversos partidos, inclusive a sua, pelo PTB, ele pede que Salgado Filho "tome a seu cargo a patriótica tarefa de consultar as direções supremas do PSD e da UDN sobre a possibilidade de um reexame da situação".

A candidatura de Getúlio Vargas à Presidência da República é homologada, pela Convenção Nacional do PTB, a 16 de junho. Ele tem 67 anos. E reúne forças e energia para realizar a mais extensa e duradoura campanha eleitoral jamais realizada por um candidato. Desde Porto Alegre, onde se apresenta a 9 de agosto, até encerrar sua pregação democrática em São Borja, a que retorna a 30 de setembro, pronunciou setenta discursos, ao longo de todo o território nacional.

Este livro, a seleção dos trechos mais expressivos de seus pronunciamentos, documenta a evolução do pensamento político deste homem que experimentara o poder, como chefe civil de uma revolução vitoriosa; chefe do governo provisório, por ele estatuído; presidente constitucional; presidente discricionário, no Estado Novo; presidente deposto em 1945.

O ostracismo reaproximara-o das suas origens e desmitificara-o a seus próprios olhos. A posse ocorre a 31 de janeiro de 1951. Volta ao poder "nos braços do povo". Desse povo que o recolherá, inerte, o coração varado por uma bala. Seu compromisso será com o povo.

O novo governo ficará como o período mais expressivo de sua atuação. O pensamento político de Vargas vai se apresentar mais nítido, porque será ao povo que fala, daí por diante, até a última mensagem.

Em seu primeiro pronunciamento popular, no Estádio do Maracanã, dirige-se aos trabalhadores. A 19 de junho, envia ao Congresso mensagem propondo a criação do Serviço Social Rural. A 3 de agosto, apresenta o Plano Nacional do Carvão. Em setembro, fala à nação em três oportunidades: a 7, por ocasião da comemoração da Independência; a 8, no IV Centenário da Cidade de Vitória; a 29, no 150º aniversário de Resende. Em outubro, sua mensagem ao Congresso propõe a criação do Banco do Nordeste do Brasil. A 7 de dezembro, é a vez da ampliação do Fundo Rodoviário Nacional. A 8, propõe o Programa do Petróleo Nacional e a criação da Petrobras. A 21, assina o decreto tratando do reaparelhamento dos portos nacionais. A 24, promulga a nova lei do salário mínimo. A 31, fala ao povo, apresentando o balanço do ano transcorrido.

O ano de 1952 começa com a assinatura, a 4 de janeiro, do decreto sobre o retorno do capital estrangeiro. Não obstante os interesses atingidos, Vargas ainda está forte. Dois dias depois, em um almoço de confraternização das Forças Armadas, discursa o presidente e o seu primeiro-ministro da Guerra, general Estilac Leal. A 25, cria a Comissão Federal de Abastecimento e de Preços (COFAP). A 7 de fevereiro, propõe a criação do Banco Nacional do Desenvolvimento Econômico (BNDE).

O mês de março assinala a primeira crise na área militar. O general Estilac Leal trava uma dura batalha, em duas frentes: no Ministério da Guerra e no Clube Militar, cuja presidência conquistara, em memorável pleito, derrotando a corrente contrária, cujo candidato fora o general Osvaldo Cordeiro de Farias. O Clube Militar era a mais acesa arena do debate nacionalista. O Ministério da Guerra ainda não fora reconquistado da corrente que perdera a eleição do Clube, mas mantinha, transferidos para guarnições remotas, os líderes da campanha vitoriosa, inclusive a quase totalidade da diretoria eleita. A situação era tão grave que o próprio ministro da Guerra não pudera, ainda, cumprir a promessa do candidato, confirmada no discurso de posse do presidente do clube, de trazer seus companheiros de volta ao Rio de janeiro. Assim, um incidente provoca duas demissões: a do general Zenóbio da Costa, do comando da 1ª Região Militar, a 18, seguida da exoneração do general Ciro do Espírito Santo Cardoso, que também não o acompanhará até o fim do governo.

Pode-se marcar esta mudança como a primeira e decisiva derrota de Vargas. Ao longo do tempo, nesse ano de 52, em 53 e 54, a sombra irá se estendendo sobre o Catete...

A 22 de abril, refletindo o desfecho da crise militar, o general Alcides Etchegoyen vence as eleições do Clube Militar. Em seu primeiro pronunciamento, encerra o ciclo de debates que aí se travavam. A revista do Clube Militar será, doravante, um boletim registrando as ocorrências do Clube.

No mesmo dia, o PTB realiza a sua IV Convenção Nacional. O presidente dirige-lhe uma saudação. A 31, preside o lançamento da pedra fundamental das Indústrias Mannesmann, em Belo Horizonte. Ninguém imagina que, dois anos e quatro meses depois, ele ali voltará, carregado de ameaças, para proferir seu último discurso. Ainda nesse mês, cria o Instituto Nacional de Imigração e Colonização (Inic) e a Carteira de Colonização do Banco do Brasil.

As comemorações do Dia do Trabalho, a 1º de maio, sempre ensejaram um encontro de Vargas com os trabalhadores. Desta vez, ele lhes diz como deverão se organizar para participar do governo. Talvez antecipando as palavras pesadas da Carta-testamento: "Refiro-me ao modo como podem e como devem os trabalhadores preparar-se para uma participação mais ativa no governo, em correspondência com o grande papel que desempenham na evolução econômica e social do nosso tempo. Porque, vós, trabalhadores, aqui no Brasil como em todas as democracias, constituem a imensa e insuperável maioria dentro do povo. Nenhum governo poderá realizar uma verdadeira e sã política social se não governar convosco, se não tiver o apoio do proletariado e a colaboração dos vossos sindicatos profissionais, pois não se pode administrar, nos dias de hoje, sem a cooperação das classes organizadas".

No mês de junho aprova o projeto da Comissão Mista Brasil-Estados Unidos, para a compra de equipamentos destinados à indústria da Usina Hidrelétrica do São Francisco. Cria, no Ministério da Viação, a Comissão de Coordenação e Desenvolvimento dos Transportes. Autoriza o Instituto do Açúcar e do Álcool a requisitar metade da produção da cachaça para transformação em álcool anidro, visando à aplicação industrial.

Em julho, visita o Brasil e conferencia com o presidente o secretário de Estado norte-americano Dean Acheson. Assina ato assegurando o preço mínimo do café. Envia mensagem ao Congresso propondo a criação da Cia. Nacional de Seguros Agrícola. Em setembro, sanciona a lei do Congresso, proibindo a exigência do atestado de ideologia. Em outubro, cria, no IAPI, a Carteira de Acidentes de Trabalho e outros benefícios aos segurados do mesmo instituto. Envia ao Congresso mensagem, acompanhada de projeto de lei, que dispõe sobre a instituição do salário adicional para os que trabalham em condições de perigo e insalubridade. Assina decreto, reajustando o preço do carvão nacional, atendendo reivindicações dos trabalhadores das minas de carvão de Santa Catarina, que se achavam em greve. Antes de terminar o ano, a 8 de dezembro, discursando na sessão inaugural do VII Congresso dos Trabalhadores mineiros, em São João Del Rey, volta ao público preferido:

"O vosso temário é testemunho de que a contribuição dos trabalhadores para o governo dos negócios públicos já não é uma especulação teórica ou um artifício demagógico. Constitui antes uma realidade, tanto mais positiva quanto se aprimoram dia-a-dia os quadros partidários, aumenta a experiência dos líderes e evolui a consciência política do operariado.

"Esse foi o caminho que vos levou ao estágio de pensamento político em que as reivindicações imediatistas cederam lugar à convicção segura de que, no campo da economia do Estado moderno, não há mais lugar para programas estanques de ação unilateral de grupos. De tal modo ali se entrelaçam e interdependem os problemas, que as únicas soluções possíveis terão necessariamente caráter global e jamais poderão beneficiar a alguns em detrimento de outros".

Começa o exercício de 1953 ainda com uma manifestação de prestígio, e com o discurso que faz no banquete que lhe foi oferecido pelas Forças Armadas a 3 de janeiro: "Nas democracias, há lugar para todos os ideais e clima para todas as opiniões. Nelas só existe um caminho para decidir os negócios públicos: o pronunciamento pacífico dos cidadãos através do voto. Quem quiser impor suas idéias pela força estará traindo as instituições que jurou defender. Será o inimigo interno, que todos havemos de combater e repelir.

"Com essa firme consciência democrática, inspirada no amor ao povo e no sentimento da nacionalidade, devemos estar vigilantes contra os que se tornam instrumentos de ódios de classe, visando a interromper o ritmo de trabalho e de construção em que estamos empenhados.

"Esforçar-nos-emos por manter a tranqüilidade interna e, particularmente, a paz social. Devemos unir esforços e vontade para a concretização de um programa de soerguimento econômico que permita elevar o nível de vida de nossa população e remover as causas de inquietações.

"O Brasil foi sempre adverso à idéia de conquista armada, e sua organização militar obedece a propósitos defensivos. Mas a preparação para a defesa comum é um imperativo da própria sobrevivência do hemisfério.

"Nunca se afastou o meu governo de uma política firme e constante de união pan-americana, na convicção de que a posição continental do Brasil não se pode dissociar da segurança e prosperidade dos povos vizinhos".

A enumeração dos atos administrativos e das manifestações públicas de apoio tornam-se necessárias porque, ao mesmo tempo que Vargas trabalhava, assessorado por um grupo de jovens estudiosos de nossos problemas, por ele recrutados, na formação da primeira assessoria de planejamento da República, a oposição, pelo seus líderes parlamentares e seus jornalistas, assoalhava a versão de que Vargas estava senil, abandonado nos salões vazios do Catete, sem nada fazer. O pior é que esta versão, de tão trombeteada, formava conceito popular de tal forma que a vasta obra administrativa por ele realizada foi sistematicamente silenciada, até depois de sua morte.

Ainda em janeiro, sanciona a nova lei que define os crimes contra o Estado e a ordem política e social. Sanciona a Lei do Plano de Valorização da Amazônia. Mas a crise política se avoluma. Nesse ano sucedem-se as demissões: Ricardo Jafet, do Banco do Brasil; todo o denominado "Ministério da Experiência". Entram novos ministros: Oswaldo Aranha, José Américo, João Goulart. Este último não demorará, tragado por uma conspiração político-militar. Os dois outros estarão presentes na memorável reunião ministerial da noite de 23 de agosto.

A 15 de março, reabertura do Congresso Nacional, foi lida a sua Mensagem:

"No que diz respeito à organização partidária, persistem ainda, no cenário nacional, os sintomas de desajustamento entre as corporações políticas e os anseios populares. De modo geral, os quadros políticos não se manifestam suficientemente sensíveis às necessidades da estrutura econômica do País e às novas tendências populares – já bastante nítidas ao observador atento, por ocasião das eleições de 1950 –, nem se mostram capazes de interpretá-las seguramente ou de dar-lhes expressão, no complexo de fatores que atuam na economia e no Estado moderno.

"A conseqüência deste alheamento dos partidos, com respeito aos eleitores, é dupla: tolda-se o espírito cívico, esmorece o interesse popular pelos negócios públicos, firma-se um conceito pejorativo ou cético da função política; e, no seio do eleitorado mais inquieto, ganha terreno o trabalho dos que empreitaram a causa extremista.

"Na verdade, existe no País um perigo extremista; e ele é tanto maior quanto mais distante dos anseios populares estiver a atuação das corporações políticas em funcionamento. Não combateremos eficazmente o extremismo pela mera ação policial ou por meio de discriminações cívicas, mas vencendo os agitadores na capacidade de atrair e motivar politicamente as massas, firmando autoridade sobre elas, formulando e resolvendo os seus problemas.

"A perplexidade política reinante entre nós exprime quão dificilmente as nossas elites se estão ajustando às graves responsabilidades que lhes impõe o período de transição que atravessamos.

"A conjuntura interna do País está a exigir substanciais mudanças, de caráter econômico e político.

"A composição de um assentimento da opinião nacional, em bases democráticas, é precisamente o problema político dos nossos dias e sua resolução implica o compromisso das forças representativas do País com os objetivos de superação do subdesenvolvimento.

"O governo não sugere que cesse a oposição, cujo papel criador reconhece e estima. Reclama, porém, uma necessária renovação dos processos de atuação partidária, em face da significação especial dos fatos contemporâneos. Espera que os partidos combatam a prática de colocar o exercício da representação política a serviço da distribuição de favores aos clãs eleitorais. Em resumo, preconiza a substituição da política de patronagem por uma política de princípios orientada segundo as necessidades objetivas das classes sociais".

É um diagnóstico, se não uma denúncia.

Em agosto, saudando o presidente do Peru, em visita ao Brasil, alude à inquietação social e política que subsiste ainda em algumas repúblicas sul-americanas, apontando a causa do subdesenvolvimento:

"É bem verdade que não logramos atingir ainda o grau de evolução dos povos que se fixaram em climas mais propícios ao trabalho e em terras mais aquinhoadas pela natureza. Persistem ainda em muitos de nossos países condições precárias de vida para as populações locais.

"Esse desenvolvimento ainda incompleto de nossas economias é a causa eficiente da inquietação social e política que subsiste ainda em algumas das repúblicas americanas. A instabilidade das instituições políticas decresce com a nossa evolução econômica. Quando a fase do subdesenvolvimento de nossos recursos materiais estiver superada, teremos atingido o equilíbrio da maturidade política."

Não é mais possível desconhecer a gravidade da situação. A conspiração político-militar conseguiu mobilizar a opinião pública a seu favor. Neste clima de agitação termina o ano de 1953 e começa 1954, com uma reclamação dos trabalhadores exigindo aumento de salário.

O último reajuste salarial havia ocorrido em 1951, no início do governo Vargas, que ressaltara a justiça da medida, pois não havia sido feito nenhum reajuste durante o governo de Dutra, ou mais precisamente desde que Vargas fora deposto.

Pelo plano de Vargas, de reajuste salarial de dois em dois anos, o reclamo dos trabalhadores era oportuno. O que se discutia passava a ser o nível desse reajuste.

Os empresários argumentavam que o aumento não deveria exceder a majoração do custo de vida observada desde o último reajuste salarial, pois de outra forma não poderia ser absorvido pela classe patronal, o que resultaria num repasse de custo, ocasionando desta forma uma baixa no poder aquisitivo da classe média.

Em linguagem numérica, o empresariado concordava com um aumento de 42%, o que resultaria, tomando-se por base o salário mínimo do Rio de Janeiro, que era de Cr$ 1.200,00, num salário de Cr$ 1.700,00. Os trabalhadores reivindicavam um aumento de 100%, que elevaria o nível para Cr$ 2.400,00.

A campanha foi desencadeada, tendo os trabalhadores o apoio do Ministério do Trabalho, ao passo que os empresários mobilizavam-se, exigindo a destituição do titular daquela pasta.

Foi quando, no dia 8 de fevereiro de 1954, oitenta e dois coronéis e tenentes-coronéis do Exército entregaram um memorial ao ministro da Guerra, general Ciro do Espírito Santo Cardoso.

O documento, conhecido como "Manifesto dos Coronéis", fazia uma análise da situação econômico-financeira nacional, apontando as conseqüências da má administração da coisa pública; referia-se à queda da autoridade face aos acontecimentos que se estariam processando em todo o País, enumerava as dificuldades de vida dos oficiais subalternos e dos praças, e a certa altura dizia:

"Perigosas só poderão ser, hoje, portanto, nos meios militares, as repercussões que já se pressentiram e anunciam, de leis e decisões governamentais que, beneficiando certas classes ou grupos, acarretarão o aumento do custo já insuportável de todas as utilidades".*

No dia 18 daquele mesmo mês, o ministro Ciro do Espírito Santo Cardoso era substituído pelo general Zenóbio da Costa.

Comentou-se que a exoneração deveu-se ao fato de o ministro não manter o presidente bem informado das insatisfações da oficialidade.

---

* *O Estado de S. Paulo*, 25-2-1954.

A tal manifestação também não resistiu o ministro do Trabalho. No dia 22, o Sr. Goulart entregava ao presidente Vargas o seu pedido de demissão. Juntamente com o seu pedido de demissão, entregava o seu relatório sobre o salário mínimo, propondo um aumento de 100%.

A 10 de abril, prosseguindo no programa traçado, Vargas envia Mensagem ao Congresso, propondo o Plano Nacional de Eletrificação.

A 1º de maio, discursando no Palácio Negro, em Petrópolis, fala da revisão dos salários:

"Rememorando os sucessos e realizações desses últimos doze meses, posso proclamar com orgulho que o governo soube honrar a linha política que tem norteado toda a minha vida de homem público: engrandecer a pátria e fortalecê-la economicamente, através do estímulo e do amparo ao trabalho. Foi levado avante, sem sombra de desfalecimento, o meu desígnio supremo que visa à valorização do trabalho brasileiro e à plena concretização da justiça salarial.

"Para chegarmos ao feliz resultado que hoje se concretiza, muito contribuiu a ação dos sindicatos de trabalhadores de todo o País, ao reivindicar, usando dos seus direitos, uma remuneração mínima indispensável para satisfazer as suas necessidades de alimentação, habitação, vestuário, higiene e transporte".

Prega, ainda uma vez, a união dos trabalhadores que "não têm armas":

"Para isso, não cabe nenhuma hesitação na escolha do caminho que se abre à vossa frente. Não tendes armas, nem tesouros, nem contais com as influências ocultas que movem os grandes interesses. Para vencer os obstáculos e reduzir as resistências, é preciso unir-vos e organizar-vos. União e organização devem ser o vosso lema.

"Há um direito de que ninguém vos pode privar, o direito do voto. E pelo voto podeis não só defender os vossos interesses, como influir nos próprios destinos da Nação. Como cidadãos, a vossa vontade pesará nas urnas. Como classe, podeis imprimir ao vosso sufrágio a força decisória dos números. Constituís a maioria. Hoje estais com o governo. Amanhã sereis o governo".

A 19 de julho, o presidente se dirige, pela última vez, às Forças Armadas. É um pronunciamento claro sobre a agitação que se desenvolve. Ainda, abre um crédito de confiança que os acontecimentos futuros avaliarão:

"Sobre meus ombros pesa a grande responsabilidade de responder pela ordem e pelo bom encaminhamento dos negócios públicos, no período de natural exaltação prenunciado pelas novas campanhas eleitorais. Julgo oportuno declarar diante de vós, na qualidade de Comandante Supremo das Forças Armadas, que a Constituição será mantida em toda sua plenitude e em toda sua integridade.

"Para a defesa da Constituição e o cumprimento do meu dever, conto com a tradição de honra das Forças Armadas, quando é notória a existência do propósito deliberado de criar um clima de agitação e perturbação".

O mês de agosto marca a seqüência de acontecimentos desencadeados pelo crime da rua Toneleros. Desse período consta o discurso de Belo Horizonte, aonde volta para inaugurar a Usina Mannesmann, cuja cerimônia do lançamento da pedra inaugural tivera a sua presença. Depois, o rascunho que começa com a frase: "Deixo à sanha dos meus inimigos o legado da minha morte". Esse rascunho é que se desenvolve na Carta-testamento. A morte tem o sentido da libertação: "Velho e cansado, preferi ir prestar contas ao Senhor". "Ao ódio, respondo com o perdão"... "dei a minha vida, agora, ofereço a minha morte. Nada receio. Serenamente, dou o primeiro passo no caminho da eternidade e saio da vida para entrar na História".

O pensamento político de Vargas

Os principais pronunciamentos de Getúlio Vargas

No dia 1º de janeiro de 1930, o candidato Getúlio Vargas tem o primeiro encontro com o povo, na Esplanada do Castelo. A plataforma da Aliança Liberal vai apresentar não só as linhas mestras da campanha que se inicia, como as diretrizes que nortearão a situação política, até 24 de agosto de 1954.

A tradição republicana assinalava a apresentação dos candidatos à Presidência da República em convenções e banquetes, os participantes, encasacados, ouvindo discursos solenes. A Campanha Civilista de Rui Barbosa, a Reação Republicana de Nilo Peçanha haviam transportado a vibração cívica para as praças públicas. Mas visavam preferencialmente às elites e à mocidade. Vargas dirige-se ao povo: "Apesar de nem sempre terem dos fatos uma visão de conjunto, são, realmente, as classes populares, sem ligações oficiais, as que sentem com mais nitidez, em toda a extensão, por instinto e pelo reflexo da situação geral do País sobre as suas condições de vida, a necessidade de modificação do processo político e administrativo". (*A nova política do Brasil,* I, p. 19-20.) Esplanada do Castelo, 2-1-1930.

Critica o privilégio dos monopólios porque "a realidade brasileira, tão exaltada pelos louvaminheiros do atual estado de coisas, reduz-se aos fenômenos materiais da produção da riqueza adscritos, as mais das vezes, a censuráveis privilégios e monopólios". (*NPB,* I, p. 19-20.) Esplanada do Castelo, 2-1-1930.

Defende o homem brasileiro: "Nada ou quase nada se

faz no sentido da valorização do homem pela educação e pela higiene". (*NPB*, I, p. 19-20.) Esplanada do Castelo, 2-1-1930.

Por isto o êxito da campanha da Aliança Liberal "dependerá do voto popular". Porque "se as urnas forem conspurcadas pela lama da fraude acabará de esfrangalhar-se a lei eleitoral vigente, que não poderá prevalecer sem aniquilar o próprio regime republicano".

O tema da anistia, tantas vezes atualizado, figura na plataforma da Esplanada do Castelo: "A convicção da imperiosa necessidade da decretação da anistia está hoje mais do que nunca arraigada na consciência nacional. Não é, apenas, esta ou aquela parcialidade partidária que a solicita. É o País que a reclama. Trata-se, com efeito, de uma inspiração que satura todo o ambiente". (*NPB*, I, p. 20-21.) Esplanada do Castelo, 2-1-1930.

O processo eleitoral vigente era duramente criticado: "É uma dolorosa verdade, sabida de todos, que o voto, e, portanto, a representação política, condições elementares da existência constitucional dos países civilizados, não passam de burla, geralmente, entre nós. Em grande parte do Brasil as minorias políticas, por mais vigorosas que sejam, não conseguem eleger seus representantes nos Conselhos Municipais, nas Câmaras Legislativas Estaduais, nem no Congresso Federal". (...) "Freqüente é o caso de núcleos fortes de oposição, com inegável capacidade de irradiação e proselitismo, que não conseguem nem sequer pleitear seus direitos nas urnas, porque são triturados pela máquina oficial, pela violência, pela compressão, pela ameaça, obrigados à submissão ou à fuga, quando impermeáveis à sedução ou ao suborno." (...)

"O voto secreto, medida salutar, aconselhável para assegurar a independência do eleitor, não é bastante para evitar a prática das tranquibérnias políticas. É preciso que as presidências das mesas eleitorais sejam entregues a magistrados, cujas funções se exerçam cercadas de completas garantias, de ordem moral e material, inacessíveis, assim, ao arbítrio dos mandões do momento. Com o voto secreto institua-se, pois, o alistamento de todo cidadão brasileiro alfabetizado e entregue-se a direção das mesas eleitorais à Magistratura Federal togada." (*NPB,* I, p. 22-23-24.) Esplanada do Castelo, 2-1-1930.

Preconizava a reorganização da Justiça Federal. "Cuja lentidão é conseqüência, geralmente, de dispositivos arcaicos, incompatíveis com a nossa extensão territorial e a nossa densidade demográfica. Uma providência sobre cuja oportunidade, há muito, todos estão de acordo, é a criação dos Tribunais Regionais." (...) "A reforma deve ter em vista, igualmente, os requisitos e condições que forem determinados pela alteração, nos termos que propus, da Lei Eleitoral, cuja aplicação ficará compreendida na órbita das atribuições dos juízes federais e seus suplentes, todos togados e de nomeação sujeita a exigência e garantias acauteladoras." (*NPB,* I, p. 24-25.) Esplanada do Castelo, 2-1-1930.

A autonomia do antigo DF (RJ) era um compromisso com os deputados cariocas que apoiavam a Aliança Liberal: "Opinamos pela autonomia da Capital da República. Seria tempo, aliás, de se lhe reconhecer a maioridade política e administrativa, quando mais não fosse, pela imprestabilidade da curatela que se lhe deu". (...) "Não é justo nem é lógico, afinal, que se continue a deixar de reconhecer à maior e mais adiantada das capitais do Brasil a elementar capacidade administrativa, atribuída, indiscutivelmente, a todos os componentes da Federação, ainda os menos prósperos e cultos." *(NPB,* I, p. 26.) Esplanada do Castelo, 2-1-1930.

A questão social é tratada com destaque: "Não se pode negar a existência da questão social no Brasil, como um dos problemas que terão de ser encarados com seriedade pelos poderes públicos. O pouco que possuímos em matéria de legislação social não é aplicado ou só o é em parte mínima, esporadicamente, apesar dos compromissos que assumimos a respeito, como signatários do Tratado de Versalhes, e das responsabilidades que nos advêm da nossa posição de membros do Bureau Internacional do Trabalho, cujas convenções e conclusões não observamos. Se o nosso protecionismo favorece os industriais, em proveito da fortuna privada, corre-nos, também, o dever de acudir ao proletário com as medidas que lhe assegurem relativo conforto e estabilidade e o amparem nas doenças, como na velhice. A atividade das mulheres e dos menores nas fábricas e estabelecimentos comerciais está, em todas as nações cultas, subordinada a condições especiais que, entre nós, até agora, infelizmente, se desconhece.

Urge uma coordenação de esforços entre o governo central e os dos estados, para o estudo e a adoção de providências de conjunto, que constituirão o nosso Código do Trabalho.

Tanto o proletário urbano como o rural necessitam de dispositivos tutelares, aplicáveis ambos, ressalvadas as respectivas peculiaridades.

Tais medidas devem compreender a instrução, educação, higiene, alimentação, habitação; a proteção às mulheres, às crianças, à invalidez e à velhice; o crédito, o salário e até o recreio, como os desportos e cultura artística". (*NPB,* I, p. 26-27-28.) Esplanada do Castelo, 2-1-1930.

A defesa nacional mereceu atenção de Vargas já na plataforma da Aliança Liberal: "O instinto de conservação e defesa aguça-se nos povos à medida que se intensifica o seu desenvolvimento material. A acumulação de riquezas é que, por via de regra, os torna vigilantes e cautelosos, conforme a observação de James Bruce a propósito dos EUA: 'só as Nações pobres são imprevidentes; só se despreocupam da sua segurança os países que economicamente pouco têm a perder. É uma lei histórica e inelutável que dispensa exemplificações'. Não se explica, por isso mesmo, o nosso descaso no tocante às Forças Armadas, já que é incontestável, sob muitos aspectos, o progresso material do Brasil" (...) "... atingida a maioridade, todo brasileiro deve estar obrigado a justificar a sua posição em face do serviço militar, mediante provas de inscrição na reserva e no alistamento. Essa situação constará de uma caderneta, a qual terá fé pública e servirá de prova de identidade da pessoa e do título de eleitor." (...) "Paralelamente não devemos poupar esforços para desenvolver, entre nós, a indústria militar, com aperfeiçoamento dos arsenais, libertando-nos tanto quanto possível dos mercados estrangeiros na compra de material bélico, ao mesmo tempo fortaleceremos a nossa capacidade de resistência militar e deixaremos de drenar para o exterior o ouro que tais aquisições agora nos exigem." (...) "Carece de modificações a Justiça Militar e este é um ponto de inocultável delicadeza, tão profundamente interessa ele à disciplina da tropa." (...) "O papel do Exército e da Armada, em todos os acontecimentos dominantes da nossa História, tem sido sempre glorioso e decisivo. Até agora, não existe no Brasil direito algum de queixa contra as suas classes militares. O crédito destas sobre a gratidão nacional é largo e duradouro. Elas foram, invariavelmente, guardas da lei, defensoras do direito e da justiça. Não se prestaram nunca, nem se prestarão jamais, à função de simples autômatos, como instrumentos de opressão e de tirania a serviço dos dominadores ocasionais". (*NPB,* I, p. 293-3.) Esplanada do Castelo, 2-1-1930.

Ao anunciar o programa financeiro do seu governo, Vargas tinha de reconhecer a sua ligação estreita com o Plano Monetário do presidente Washington Luís, de que fora o primeiro executor, na qualidade de ministro da Fazenda: "A política do atual governo da República foi, logicamente, dada a época do seu lançamento, uma política de restauração financeira. Seu plano está ainda na primeira fase, aliás, a mais importante e de mais urgente necessidade: a estabilização do valor da moeda. Realizada esta, tornava-se necessário um compasso de espera para que, em torno da nova taxa cambial, se processasse o reajustamento na nossa vida econômica. Após o decurso de um tempo, que pode ser fixado com precisão, porque depende do nosso desenvolvimento econômico, do aumento da nossa capacidade produtora e do estoque-ouro da Caixa de Estabilização, é que se poderá atingir a parte final do plano: o resgate do papel inconversível e a instituição da circulação metálica.

"Entendo que o sucessor do eminente Sr. Washington Luís deve manter e consolidar esse plano, pois muito maiores seriam os prejuízos resultantes do seu abandono do que os benefícios, pouco prováveis, que pudessem ser colhidos com a adoção de outra diretriz.

"Só a prática, aliás, fornece a prova decisiva da eficiência de quaisquer planos e sistemas, ainda os de mais sólida e perfeita arquitetura. Por isso mesmo, quando opino, em princípio, pela manutenção e consolidação da política financeira em vigor, não excluo, é claro, a possibilidade de se lhe introduzirem as modificações e melhoramentos que a experiência aconselhar". (*NPB,* I, p. 36-37.) Esplanada do Castelo, 2-1-1930.

Ainda na mesma ocasião, Vargas anuncia o Plano do Desenvolvimento Econômico: "Nenhuma política financeira poderá vingar sem a coexistência paralela da política do desenvolvimento econômico". (...) "O problema econômico quase se resume numa palavra – produzir, produzir muito e produzir barato o maior número aconselhável de artigos para abastecer o mercado interno e exportar o excedente das nossas necessidades." Anuncia a reforma agrária: "Em não poucas das regiões mais próprias para a agricultura impera ainda o latifúndio, causa comum do despreparo em que vive, geralmente, o proletariado rural, reduzido à condição de escravo da gleba. Nessas regiões, seria conveniente para os seus possuidores e para a coletividade subdividir a terra, a fim de colonizá-la, fazendo-se concessões de lotes a estrangeiros ou a nacionais, a preços módicos, mediante pagamento a prestações, além do fornecimento de máquinas agrícolas, mudas e sementes. Essa iniciativa parece-me bem mais útil e oportuna do que suscitar o aparecimento de indústrias artificiais. O surto industrial só será lógico, entre nós, quando estivermos habilitados a fabricar, se não todas, a maior parte das máquinas que nos são indispensáveis". Anuncia a siderurgia: "Daí a necessidade de não continuarmos a adiar, imprevidentemente, a solução do problema siderúrgico. Não é só o nosso desenvolvimento industrial que o exige. É, também, a própria segurança nacional que não deve ficar à mercê de estranhos, na constituição dos seus mais rudimentares elementos de defesa". (*NPB*, I, p. 37-39.) Esplanada do Castelo, 2-1-1930.

A instrução, a educação e o saneamento formam um capítulo da plataforma da Aliança Liberal: "Para atender às exigências destes três problemas imperiosos e conexos, reputo inadiável a criação de uma entidade oficial técnica e autônoma, com seu raio de ação benéfico estendido ao Brasil todo". Focaliza o problema das escolas estrangeiras nos quistos raciais: "Quanto ao desenvolvimento da instrução pública, é preciso generalizar, cautelosamente, algumas providências isoladas. Nesse particular já se praticam, em circunscrições nacionais de mais densa população, de origem estrangeira, nas quais a União subvenciona singular número de escolas, auxiliando, assim, os estados respectivos". (...) "Creio, mesmo, que é chegada a oportunidade da instituição de um novo ministério que sistematize e aperfeiçoe os serviços federais, estaduais e municipais existentes com esse objetivo e cuja eficiência tanto deixa a desejar, por efeito, justamente, em grande parte, da sua desarticulação, isto é, da falta de contato real e entendimentos práticos." (*NPB,* I, p. 40-41.) Esplanada do Castelo, 2-1-1930.

As obras contra a seca mereceram, naturalmente, a atenção do candidato, que se fazia acompanhar pelo presidente da Paraíba: "...se torna inadiável retomar o plano humanitário de amparo à população de valorização econômica dos territórios, de acordo com as idéias do eminente senador Epitácio Pessoa, que lhes deu execução quando na Presidência da República. Os trabalhos devem obedecer a um plano rigorosamente técnico, abrangendo o estudo e levantamento dos terrenos, a cultura das terras, abertura de estradas, a construção de obras de barragens e irrigação para criação de centros produtores permanentes". (*NPB,* I, p. 41-42.) Esplanada do Castelo, 2-1-1930.

"Também a colonização da Amazônia é, sem dúvida, um dos mais graves e complexos problemas da atualidade brasileira." (...) "Uma das dificuldades em que tropeçamos, agora, na Amazônia, é a escassez de braços. Urge encaminhar para ali correntes emigratórias depois de proceder ao saneamento da região para receber elemento alienígena." (*NPB,* I, p: 42-43.) Esplanada do Castelo, 2-1-1930.

A defesa da produção "só terá solução quando for criada, no Banco do Brasil, uma Carteira Agrícola. Esta deverá atender às necessidades do produtor, isto é, facilitar-lhe os recursos necessários tanto para o desenvolvimento da produção como para o beneficiamento do produto". *(NPB,* I, pp. 47-49.) Esplanada do Castelo, 2-1-1930.

Fala do café: "A defesa do café, numa atitude maior e mais urgente dos problemas econômicos atuais do Brasil, por isso que esse produto concorre com mais de dois terços do ouro necessário ao equilíbrio da nossa balança comercial. Da sua sorte depende, assim, o câmbio e a estabilização da moeda. O plano que agora falhou, alarmando o País todo, visava menos à defesa propriamente dita da produção cafeeira do que à sua valorização imediata. Se a política adotada, em vez de consistir em elevar o preço do produto, fosse diminuir o custo da produção, dando ao produtor paz para o trabalho, capital, crédito, ensino profissional etc., o café podia ser vendido pela metade ou menos daquele preço, deixando lucro ao produtor, e o comércio seguiria seu curso ordinário; o consumo aumentaria e cessaria o perigo da concorrência dos outros países produtores, que só podem competir conosco pela elevação do preço". (*NPB,* I, p. 49-52.) Esplanada do Castelo, 2-1-1930.

Ao deflagrar a revolução de outubro de 1930, Vargas cunhou a frase histórica: Rio Grande "de pé pelo Brasil".

"Ninguém ignora os persistentes esforços por mim empregados, desde o início da campanha da sucessão presidencial da República, no sentido de que o prélio eleitoral se mantivesse rigorosamente no terreno da ordem e da lei. Jamais acenei para a Revolução, nem, sequer, proferi uma palavra de ameaça.

"Estive sempre pronto a assumir, com a renúncia de quaisquer aspirações políticas e da própria posição que ocupo, a responsabilidade integral dos atos determinantes da luta, a fim de que a coletividade colhesse, assim, algum benefício e não se sacrificassem interesses de terceiros. Da inutilidade de minha atitude teve o povo brasileiro demonstração fidelíssima na farsa eleitoral de 1º de março.

"Dados tais acontecimentos, qual a perspectiva que se nos desenha e que porvir nos espera, com o prosseguimento do atual estado de coisas? O povo oprimido e faminto. O regime representativo golpeado de morte, pela subversão do sufrágio popular. O predomínio das oligarquias e do profissionalismo político.

"Daí, como conseqüência lógica, a desordem moral, a desorganização econômica, a anarquia financeira, da justiça.

"Entreguei ao povo a decisão da contenda e este, cansado de sofrer, rebela-se contra os seus opressores.

Estamos em uma revolução para readquirir a liberdade, para restaurar a pureza do regime republicano, para a reconstrução nacional." (*NPB,* I, p. 59-63.) Porto Alegre, 4-10-1930.

Vencedores do movimento de outubro de 1930 denunciaram uma situação econômico-financeira deplorável, de que acusavam o governo deposto. Os impostos interestaduais e de exportação são considerados em um pronunciamento de Vargas: "Ouvidos previamente os estados interessados, impõem-se duas medidas de ordem econômica e financeira. Uma, referente aos impostos interestaduais, que, em alguns casos, se assemelham a verdadeira guerra de tarifas entre determinadas circunscrições federativas. Outra diz respeito a exportação, por cláusula constitucional, receita dos Estados, renda antieconômica, repudiada pela maioria dos países produtores e que convém seja reduzida ao mínimo possível. Passada a sua arrecadação a encargo da União, percurtir-se-á atender o ponto grave da nossa economia – o complexo caso das dívidas externas dos estados". (*NPB,* I, p. 98-99.) Belo Horizonte, 23-2-1931.

Na mesma ocasião aborda a questão dos saldos-ouro, o problema da siderurgia: "O problema das dívidas estaduais demanda urgente solução, visto como se reflete pesadamente sobre o crédito do País no exterior.

"Faz-se mister que a União, fiadora moral e de fato desses débitos (o conjunto das dívidas externas estaduais), assuma a responsabilidade efetiva deles.

Seria essa medida de natureza temporária, com finalidade precisa, uma vez que o rumo para o qual devemos orientar nossa marcha é o da completa extinção dos impostos de exportação". (*NPB,* I, p. 99100.) Belo Horizonte, 23-2-1931.

"O problema máximo, pode dizer-se, básico da nossa economia, é o siderúrgico. Para o Brasil, a idade do ferro marcará o período da sua opulência econômica. Entrava-o a nossa míngua de transportes e a falta de aparelhamento, indispensável à exploração da riqueza material que possuímos imobilizada.

"A grandeza futura do Brasil depende, principalmente, da exploração das suas jazidas de ferro. E o ferro é Minas Gerais. Aos mineiros, deve caber o esforço maior para a conquista dessa glória.

"Muito teremos feito dentro de breve tempo se conseguirmos libertar-nos da importação de artefatos de ferro, produzindo o indispensável ao abastecimento do País. Nacionalizando a indústria siderúrgica, daremos grande passo na escalada ao alto destino que nos aguarda." (*NPB,* I, p. 100-101.) Belo Horizonte, 23-2-1931.

Ainda sobre a exploração das riquezas minerais: "Julgo oportuno insistir... ainda em um ponto: a necessidade de ser nacionalizada a exploração das riquezas naturais do País, sobretudo a de ferro. Não sou exclusivista, nem cometeria o erro de aconselhar o repúdio do capital estrangeiro a empregar-se ao desenvolvimento da indústria brasileira.

"Mas quando se trata da indústria do ferro, com o qual havemos de forjar toda a aparelhagem dos nossos transportes e da nossa defesa; do aproveitamento das quedas d'água; das redes ferroviárias de comunicação interna; quando se trata – repito – da exploração de serviços de tal natureza, não podemos aliená-los, concedendo-os a estranhos, e cumpre-nos, previdentemente, manter sobre eles o direito de propriedade e de domínio". (*NPB,* I, p. 102.) Belo Horizonte, 23-2-1931.

A Revolução havia prometido reforma das instituições e a regeneração dos costumes políticos. Por isso assomava a questão da reconstitucionalização do País: "Pretender apressar, com açodamento, a volta ao constitucionalismo seria, talvez, recair na amarga experiência do regime anterior, tornando inúteis os sacrifícios impostos pela Revolução. Não faremos construção duradoura se a não levantarmos com esforços leais e edificante sinceridade.

"Tudo virá a seu tempo. O regresso ao regime constitucional é aspiração comum. Realizar-se-á, porém, com o desenvolvimento lógico dos fatos sob o amparo de uma nova mentalidade". (*NPB*, I, p. 123-124.) Palácio do Catete, 4-5-1931.

"Estamos governando à margem dos partidos, alheios aos seus interesses. Aceitamo-lhes a cooperação, sem fazer política partidária, e, longe de hostilizá-los queremos, ao contrário, deixar-lhes plena liberdade de organização.

"Prestigiado pela solidariedade do povo brasileiro, pelo apoio decidido das Forças Armadas, o governo revolucionário deseja tão-somente que não lhe perturbem com acidentes meramente políticos o tempo indispensável ao estudo e à solução dos problemas administrativos, primaciais, num país de economia e finanças desordenadas". (*NPB*, I, p. 125-126.) Palácio do Catete, 21-5-1931.

"Eu, em determinado período da minha vida pública, sem amor profissional, transformei-me, por julgar a imprensa meio de ação eficaz, um jornalista de combate. Se isso não fosse suficiente para demonstrar-vos o meu apreço, lembraria, no momento, o interesse com que acolhi o vosso apelo para rever e consolidar, expurgando-a, a legislação vigente sobre delitos de imprensa.

"O projeto elaborado com esse fim já se acha publicado para receber sugestões. Transformado em lei, tornará efetiva mais uma conquista do pensamento liberal, que presidiu e orientou a campanha precursora do movimento de outubro". (*NPB*, I, p. 143-144.) Discurso na ABI, 20-9-1931.

"Como mais de uma vez tive ensejo de acentuar, o problema que a todos os outros se sobreleva, na tarefa de reconstrução a que nos dedicamos, é o econômico-financeiro. Estamos sinceramente empenhados na reorganização econômico-financeira de todo o País, isto é, da União, dos estados e municípios, simultaneamente. Comecemos, pois, pela regularização dos nossos compromissos externos federais, estaduais e municipais.

"Tão complexo problema já se acha confiado ao estudo de uma comissão instituída para procurar-lhe a solução mais adequada e examinar a possibilidade da criação de outras fontes de renda, capazes de suprir ao menos em parte a arrecadação condenada a desaparecer". (*NPB,* I, p. 160-165.) Teatro Municipal, 3-10-1931.

A 3 de outubro de 1931 comemorava-se o primeiro aniversário do governo provisório. Em cerimônia havida no Teatro Municipal, Vargas discursou: "As dificuldades do momento mais crítico atravessado pelas finanças nacionais, enfrentamo-las com espírito de decisão e sacrifício. Temos feito a mais severa economia, graças a isso, conseguimos alcançar o equilíbrio orçamentário, finalidade básica para a restauração do nosso crédito.

"Em situação precária, com fontes de receita diminuídas e as despesas abaixadas ao extremo limite, não poderia haver folga para empreendimentos de qualquer espécie. Contudo, o governo provisório tem empregado todo os meios ao seu alcance, com o fim de, direta ou indiretamente, fortalecer a economia nacional.

"Não era só o café que, no quadro da nossa produção, necessitava de amparo. Também o açúcar e o cacau, completamente abandonados, receberam proteção.

"Assinalamos, finalmente, o fato auspicioso de, mediante pequenas alterações nas tarifas e celebração de convênios comerciais, estarmos intensificando a colocação dos nossos produtos nos mercados externos, além de promovermos a troca direta de consumo, por processo tão vantajoso em face do momento econômico, que atraíram a atenção de vasto círculo das finanças mundiais". (*NPB*, I, p. 365-367.) Teatro Municipal, 3-10-1931.

"A lei de estabilização de 18-11-1926 tinha autorizado a encampação da emissão do Banco do Brasil, a fim de que o ouro que a garantia passasse para a propriedade do governo federal e pudesse ser utilizado como massa de manobras para sustentação das taxas cambiais.

"Sem embargo desta dupla limitação no uso da missão em que, afinal, se resolva a encampação e na utilização do ouro que por ela se devia adquirir, mandou o governo que lhe fosse creditada a totalidade da emissão; e ao mesmo tempo, fazendo-se debitar pelo valor do ouro, em ato contínuo o revendia, ao próprio Banco do Brasil, pelo mesmo preço creditado na mesma conta." *(NPB,* I, p. 185.) Teatro Municipal, 3-10-1931.

"Ao mesmo tempo que removia as dificuldades imediatas de uma situação francamente ruinosa, não se descuidou o governo provisório de procurar uma solução definitiva para o nosso renitente problema financeiro.

"Para auxiliá-lo nessa tarefa ingente obteve dos nossos correspondentes em Londres a vinda de um perito inglês, Sir Otto Niemeyer.

"Se chegarmos a fundar o Banco Central de Reservas e se por ele atingirmos a estabilização de nossa moeda, como o prevê o perito e, de fato, apenas depende de nossa energia, teremos realizado o sonho de muitas gerações de brasileiros, dando à nossa economia a base de que ela absolutamente necessita." (*NPB,* I, p. 187.) Teatro Municipal, 3-10-1931.

"O rápido desenvolvimento da aviação comercial entre nós levou o governo a criar o Departamento da Aeronáutica Civil, nos moldes das novas organizações desse gênero nos outros países, dada a conveniência de coordenar e orientar todas as iniciativas que se relacionem com esse rápido meio de transporte.

"Para favorecer a todas as iniciativas referentes à navegação aérea e dotar a administração federal de meios legais oportunos, já foi elaborado um projeto de lei em que se aproveitaram as observações e experiências colhidas nesses últimos cinco anos de execução do tráfego aéreo." (*NPB,* I, p. 207.) Teatro Municipal, 3-10-1931.

Chefe civil de uma revolução, depois presidente de um governo provisório autoritário, Vargas pregava a reconstrução moral e material da pátria: "Cumpre-nos fazer a reconstrução moral e material da pátria, realizando o saneamento dos costumes políticos e a reforma da administração, para assim conseguirmos a restauração financeira e econômica do País". (*NPB*, II, p. 18) Petrópolis, 4-3-1932.

A manutenção da ordem é sempre preconizada: "Numa época trabalhada por todos os agentes de dissolução e de anarquia, devemos empenhar os nossos melhores esforços para cumprir o dever elementar de manter a ordem, a confiança e a tranqüilidade". (*NPB,* II, p. 1819.) Petrópolis, 4-3-1932.

Voltava ao programa aliancista: "Os futuros historiadores, ao retratarem este período agitado da vida brasileira, distribuirão, certamente, à Aliança Liberal seu verdadeiro papel: das formas transitórias às aspirações populares e permitir que, num ambiente social de contato difícil e lento, se constituísse a unidade que impediu a resistência do governo e destruiu, em torno dele, todos os redutos de legalidade". (*NPB,* II, p. 30-32.) Palácio Tiradentes, 14-5-1932.

Não cessa de aludir à necessidade da volta da legalidade: "O governo provisório sempre se preocupou com preparar a volta do Brasil à legalidade, traçando, clara e firmemente, as linhas fundamentais do futuro edifício constitucional. O governo provisório, consoante já normalmente assegurei, vai entrar no terreno da reconstrução legal. A lei eleitoral está sendo executada. Uma comissão de notáveis, com o imprescindível concurso de todas as correntes de opinião, irá elaborando um projeto de Constituição, para submetê-lo ao exame da Constituinte. A reorganização constitucional do País precisa assentar-se na consciência coletiva, livremente expressa e atendida, para não se converter em obra de extremistas nem de sectários de qualquer proveniência". (*NPB*, II, p. 56-57.) Palácio Tiradentes.

A política exterior do Brasil era assim definida: "A nossa política exterior foi sempre sinceramente pacifista. Os únicos litígios internacionais ocorrentes, ligados todos à fixação de fronteiras, resolveram-se amistosamente ou por arbitramento. Sem agravo a vingar, vivendo em harmonia com os países vizinhos e possuindo vasto território a povoar, nenhum motivo existe capaz de modificar esta linha invariável de conduta". (*NPB,* II, p. 64.) 11-6-1932.

Define o militarismo à época: "No Brasil as Forças Armadas nunca se transformaram em guarda pretoriana para oprimir o povo, como, também, nunca se deixaram explorar pelo espírito faccioso para anarquizar o País. Esta tradição salutar não permite que se confunda o papel do Exército e da Marinha, na vida pública nacional, com atuação particular isolada de alguns de seus membros que manifestam simpatia mais acentuada pela direita ou esquerda partidárias. Jamais medraria entre nós militarismo de ação coordenada das instituições armadas, impondo-se, pela violência, à consciência cívica da nação". (*NPB,* 11, p. 66.) 11-6-1932.

A 9 de junho de 1932, irrompe o movimento em São Paulo: "Os propósitos do governo provisório, a respeito da normalidade institucional, já não podem ser postos em dúvida. Foi promulgada a lei eleitoral, marcou-se a data em que se devem efetuar as eleições, escolheram-se os juízes dos tribunais eleitorais etc. Como se vê, todas as medidas dependentes do governo, necessárias e imprescindíveis à constitucionalização do País, foram tomadas,

"Contrastando, justamente, com essa patriótica orientação, elementos descontentes e ambiciosos tentam estabelecer a anarquia e a confusão em São Paulo, no seio da sua laboriosa e pacífica população, um motim de objetivos puramente pessoais.

"A nobre atitude das Forças Armadas, colocando-se,

firmes, ao lado do governo provisório, não é somente o testemunho da sua louvável resistência ao espírito de desordem e indisciplina. Ela vale, também, por uma nítida compreensão das suas responsabilidades perante a consciência cívica da Nação". (*NPB,* II, p. 73-76.) 12-6-1932.

Em seu manifesto ao povo paulista: "São Paulo está isolado. Fracassaram todas as tentativas feitas para articular a sedição em outros estados. Esse movimento, inspirado em propósitos reprováveis, com o caráter de uma revolução, havia fatalmente de fracassar.

"Mas, felizmente, ainda, a sedição não partiu do povo varonil, ordeiro e honesto de São Paulo. Audaz sindicato político-militar usurpou-lhe a vontade, jogando os estados numa aventura sinistra e receoso de receber, pelo ludíbrio praticado, o merecido e inevitável castigo, tudo fará agora para lhe ocultar a verdade. O governo federal não considera o povo paulista culpado. Ele é apenas a maior vítima". (*NPB,* II, p. 81-91.) 20-9-1932.

Dirige-se às classes trabalhadoras, enumerando as realizações da revolução de 1930 e os deveres que lhes incumbem: "A organização sindical, a lei de férias, a limitação das horas de trabalho, o salário mínimo, as comissões de conciliação, as caixas de pensões, o seguro social, as leis de proteção às mulheres e aos menores realizam velhas aspirações proletárias de resolução inevitável.

"Faz-se mister, aos que desfrutam os benefícios da riqueza e do conforto – regalia que aos pobres parecem privilégio, mas que a lei transforma em prerrogativas jurídicas –, reconhecerem que a essas prerrogativas correspondem deveres, convencendo-se de que todos quantos cooperam com o seu trabalho para semelhante resultado possuem, também, respeitáveis direitos ao bem-estar, aos cuidados da saúde e às garantias de previsão social contra os acidentes do labutar afanoso". (*NPB,* II, p. 97-99.) 29-10-1932.

A instrução profissional e a educação moral cívica e agrícola: "Todas as grandes nações, assim merecidamente consideradas, atingiram nível superior de progresso pela educação do povo. Refiro-me à educação no significado amplo e social do vocábulo: física e moral, eugênica e cívica, industrial e agrícola, tendo por base a instrução primária de letras e a técnica e profissional. A instrução que precisamos desenvolver, até o limite extremo das nossas possibilidades, é a profissional e técnica. Sem ela, sobretudo na época caracterizada pelo predomínio da máquina, é impossível o trabalho organizado". (*NPB,* II, p. 118-119.) 18-8-1932.

O açúcar e a industrialização do álcool: "Convém não esquecer que a presente situação da indústria açucareira, principalmente nos mercados europeus e americanos, não oferece perspectivas animadoras. Em circunstâncias assim embaraçosas, impunha-se procurar outras finalidades à lavoura da cana, além do fabrico do açúcar.

"Outro não foi o pensamento do governo ao procurar entre nós a industrialização do álcool como combustível, em substituição à gasolina, produto estrangeiro largamente consumido e cuja importação obriga a saída do ouro do País, em condições tanto mais onerosas quanto maior for a depressão cambial". (*NPB,* II, p.135-137.) Recife, 5-9-1933.

Os problemas das secas: "Desde o início do meu governo, cumprindo promessas feitas ainda quando candidato, interessei-me pelo problema das secas. A Inspetoria de Obras Contra as Secas tornou-se dinâmica, fixando um programa nacional, iniciando com rapidez o serviço de construção de obras sistemáticas.

"Apesar da crise financeira que atravessamos, agravada pela situação econômica mundial, o governo provisório fez tudo quando de si dependia, não poupando esforços para suprir o numerário à ação que se empenha de assistência às populações e para execução das obras destinadas a resolver, de modo definitivo, a situação dolorosa do Norte e do Nordeste brasileiro". (*NPB,* II, p. 165-167.) Fortaleza, 18-91933.

A borracha e o aproveitamento das riquezas naturais da Amazônia: "Possuímos, como é sabido, a melhor qualidade de borracha conhecida, não igualada pelas correspondentes. Racionalizada a produção, o que se fará, fatalmente, no futuro, quando os capitais abundarem, ainda reconquistaremos o terreno perdido. Mas o que podemos fazer desde já é tornar nacional a indústria de artefatos que a aproveita, evitando regular evasão de ouro e garantindo o consumo da nossa pequena e excelente produção atualmente periclitante". (*NPB,* II, p. 167-180.) Belém, 27-9-1933.

Reafirmando a amizade argentino-brasileira: "Podemos afirmar que os governos do Brasil e da Argentina, procurando sempre fortalecer a aproximação dos dois países, obedecem a impulsos e inclinações espontâneas da opinião pública. Há, ainda, uma consciência histórica que torna mais expressiva esta hora de confraternização das nossas pátrias. Três generais, prestigiosos chefes militares e homens de governo, foram, em épocas diferentes, três pioneiros devotados da política de aproximação argentino-brasileira. O Brasil, por índole e por tradição, está naturalmente identificado com todas as iniciativas que visam a manter a harmonia e a paz entre as nações e, principalmente, sempre que com ele convivem dentro do continente americano". (*NPB,* II, p. 189-198.) Itamarati, 7-10-1933.

A Constituinte de 1933-34 foi o grande acontecimento. Vargas faz questão de se apresentar como o governante que presta contas de seus atos discricionários aos representantes eleitos, diretamente, pelo povo: "Comparecendo à solene instalação da Assembléia Nacional Constituinte e em presença dos legítimos representantes do povo brasileiro, aproveito tão excepcional oportunidade para dirigir-me à Nação e prestar-lhe contas de meus atos, como chefe do governo provisório instituído pela revolução triunfante de outubro de 1930". (*NPB,* III, p. 15.) 15-11-1933.

"Estudando o processo da formação política do Brasil, duas tendências se apresentam, persistentes e definidas, emergindo da época colonial para as pugnas emancipadoras: a federação e o governo representativo." (*NPB,* III, p. 15.)

"Não admira, portanto, que, proclamada a independência, consolidando uma situação de fato, viessem repetir-se no seio da nossa primeira Constituinte anseios declarados e persistentes pela implantação de um governo de forma democrática e federativa." (*NPB,* III, p. 16.)

"O conflito verificou-se logo de início, quando a Constituinte delineou, dentro daquela orientação, a estrutura institucional do País. Dissolvida, intempestiva e violentamente, num ato de inequívoca reação às suas tendências, a Constituinte outorgada impôs a forma unitária e retirou da Câmara, pela criação do poder moderador, o controle do governo, enfeixando-o nas mãos do imperador. Estava aberto o dissídio, cujo desfecho foi o movimento reivindicador de 7 de abril de 1831, verdadeiramente admirável como demonstração da vitalidade de uma consciência nacional de que deveria ter produzido, com a abdicação, todas as conseqüências que a independência frustrara. Estabelecida a regência, reacenderam-se as agitações em prol do ideal federativo, refletindo a crise da formação política do País." (*NPB,* III, p. 16-17.)

"As lutas desencadeadas durante o período regencial não tiveram o caráter generalizado de simples motins; contrariamente, além de revelarem o espírito cívico vigilante e combativo, traduziram quase todos os impulsos de um movimento de idéias, expressando aspirações populares que não haviam conseguido enquadrar-se na organização política do País." (*NPB,* III, p. 17-18.)

"O problema da escravatura, encerrando o da organização do trabalho, fundamental para o nosso desenvolvimento econômico, não teve a solução que mais convinha. Retardada, procrastinada, erigida em ponto nevrálgico do regime, atuou até como fator de perturbação pela forma brusca, pelo ambiente de exaltação política em que se operou a substituição do trabalho escravo pelo trabalho livre." (*NPB,* III, p. 20.)

"A proclamação da República, apreciada rigorosamente como fato histórico foi, entretanto, uma antecipação dos acontecimentos, precipitados pelas questões militares. Tais circunstâncias não lhe tiram, contudo, o caráter de ato nitidamente revolucionário." (*NPB,* III, p. 20.)

"Com a absorvente predominância do Executivo sobre os demais poderes, falseou-se o equilíbrio inerente à estrutura do regime. O Congresso era produto de um processo eleitoral profundamente viciado, e os seus membros, com raras exceções, não representavam a opinião nacional, mas a vontade dos oligarcas."(*NPB,* III, p. 24.)

Esquecendo as campanhas civilistas de Rui e a Reação Republicana de Nilo: "A reação tinha que vir inevitavelmente. Foram-lhe primeiras manifestações as revoltas de 1922 e 1924. Daí por diante, o mal-estar e a hostilidade do País a semelhante estado de coisas revelaram-se crescentes e indisfarçáveis. A última sucessão presidencial, trazendo o desentendimento entre as classes governamentais, já foi reflexo desse descontentamento generalizado". (*NPB,* III, p. 25.)

"O movimento de outubro de 1930 deixou de ter o caráter de simples pronunciamento partidário para desencadear-se como força de ação social, assumindo o aspecto de verdadeira insurreição nacional e impondo, conseqüentemente, conquistas amplas e profundas no terreno econômico e político." (*NPB*, III, p. 25.)

"O Estado, qualquer que seja o seu conceito, segundo as teorias, nada mais é, na realidade, do que o coordenador e disciplinador dos interesses coletivos, a sociedade organizada como poder, para dirigir e assegurar o seu progresso. Toda estrutura constitucional implica, por isso, a estrutura das funções do Estado." (*NPB*, III, p. 30-31.)

"Assunto de viva atualidade em matéria de organização do poder público, a representação de classes ou grupos sociais foi agitada, entre nós, ao cogitar-se de dar nova Constituição ao País. Justifica-se, assim, a solução adotada, em caráter de ensaio, pelo decreto que regulou o processo de distribuição dos grupos sociais para escolher os seus representantes, nesta Assembléia, que resolverá definitivamente sobre o assunto, atenta à sua importância e oportunidade."(*NPB*, III, p. 33.)

"A atividade do governo provisório, no que se refere às relações exteriores do Brasil, caracterizou-se, nesses três anos decorridos, por um trabalho constante de solidificação da paz com todos os países e da mais estreita cooperação interamericana."(*NPB*, III, p. 60.)

"A organização do trabalho, no sentido que se lhe deve dar, não pode realizar-se, com proveito para as classes patronais e benefícios para os operários, senão mediante inteligente, ponderada e sistemática coordenação para conciliar e garantir os seus mútuos interesses. O fundamento sociológico da vida econômica é hoje a solidariedade. O princípio da livre concorrência cedeu ao da cooperação. As tendências solidárias propiciaram a formação dos agrupamentos coletivos, cada vez mais fortalecidos para a defesa dos interesses de grupos, sob o controle e em colaboração com o poder público. Entramos na fase construtora do movimento sindicalista." (*NPB*, III, p. 143-144.)

"Sobrelevando-se a todas estas realizações, o governo provisório orgulhou-se de haver presidido o processo de organização desta Assembléia, conseguindo formá-la como expressão legítima da vontade do povo brasileiro, e proclama sentir-se forte para garantir a supremacia do seu poder, criando-lhe um ambiente de respeito e absoluta segurança, em que possa entregar-se, serenamente, à magna tarefa de elaborar novas e mais sábias instituições para o País." (*NPB,* III, p. 158.) Mensagem lida à Assembléia Nacional Constituinte, 15-11-1933.

A ação do governo provisório em prol do Exército: "No domínio moral, para a restauração da disciplina, para a mais perfeita coesão do organismo militar: decretou a anistia, integrando nas suas funções um pugilo de homens idealistas, castigados pela intrepidez da sua fé intimorata nos destinos do Brasil". *(NPB,* III, p. 163.)

"A Revolução é fruto das camadas profundas da sociedade; é um imperativo insofreável da consciência coletiva; é, em suma, a cristalização lenta (...) da nacionalidade." *(NPB,* III, p. 166.) 24-5-1934.

O cinema nacional, elemento de aproximação dos ambientes do País: "Sanear a terra, polir a inteligência e temperar o caráter do cidadão, adaptando-o às necessidades do seu habitar, é o primeiro dever do Estado. Ora, entre os mais úteis fatores de instrução de que dispõe o Estado moderno, inscreve-se o cinema". (*NPB,* III, p. 187.)

O Brasil em 1930 e as realizações do governo provisório, junho de 1934, eleição presidencial pela Assembléia Constituinte: "A Constituinte que discutiu e aprovou o nosso Pacto Fundamental espelha, na sua integridade, a opinião do País. Livremente a Assembléia Nacional votou a nossa lei orgânica e livremente elegeu o presidente da República. A legitimidade do mandato supremo, que ela conferiu no pleno exercício das suas prerrogativas, é tão inquestionável quanto a da Constituição que promulgou. Esses dois atos se conjugam e se completam indissoluvelmente". (*NPB,* III, p. 244.)

A imprensa e a Revolução de 1930: "A imprensa, por bem dos fatos, soube sempre cumprir o seu dever nos passos graves da nossa história. Como chefe de um governo discriminatório, eu não poderia esquecer o apoio decidido e corajoso que os jornalistas deram à Revolução". (*NPB*, III, p. 260.)

"Grande mestra dos povos modernos, a imprensa é o manancial em que eles se desalteram, em que vão beber os elementos essenciais ao cultivo da inteligência e do caráter." (*NPB*, III, p. 260.) 12-6-1934.

A 10 de novembro de 1937, Getúlio Vargas dissolvia os partidos políticos, fechava as duas casas do Congresso e proclamava o Estado Novo, instalando o totalitarismo no Brasil, que ia durar até 29 de outubro de 1945.

A liberdade entrara em eclipse, em largas zonas do mapa-múndi. A sombra da ditadura alcançava o Brasil. Era o momento de se propagar a doutrina autoritária. Surgiriam filósofos, que assim se chamavam os cientistas políticos de então, explicando a necessidade de não sermos livres.

Vargas prega a doutrina autoritária.

Orientação nacional do ensino: "O processo educativo mais adequado às nossas condições sociais é o que consiste na preparação equilibrada do espírito e do corpo, transformando cada brasileiro em fator consciente e entusiasta do engrandecimento pátrio. A obra educativa e cultural encerrada pela administração é mais ampla e abrange o problema em todos os seus aspectos". (*NPB*, V, p. 105.) 2.12.1937.

Marcha para o Oeste: "O verdadeiro sentido de brasilidade é a marcha para o Oeste. No século XVIII, de lá jorrou o caudal de ouro que transbordou na Europa e fez da América o continente das cobiças e tentativas aventurosas. E lá teremos de ir buscar: dos vales férteis e vastos, o produto das culturas variadas e fartas; das entranhas da terra, o metal com que forjar os instrumentos de nossa defesa e do nosso progresso industrial". (*NPB*, V, p. 124.) 31-12-1937.

Dívida externa e capital estrangeiro: "Suspendemos

o pagamento da dívida externa por imposição de circunstâncias estranhas à nossa vontade. Não significa isso renegar compromissos. Carecemos, apenas, de tempo para solucionar dificuldades que não criamos e reajustar a nossa economia, transformando as riquezas potenciais em recursos efetivos que nos permitam satisfazer, sem sacrifício, as exigências dos prestamistas... Se não hostilizamos o capital estrangeiro, também não podemos conceder-lhes outros privilégios além das garantias normais que oferecem os países novos em plena fase de crescimento". (*NPB,* V, p. 122.)

Extinção dos partidos: "Quero aludir aos atos de extinção dos partidos políticos. Teve-se em vista suprimir a interferência dos interesses facciosos e de grupos na solução dos problemas de governo. O Estado, segundo a ordem nova, é a Nação, e deve prescindir, por isso, dos intermediários políticos, para manter contato com o povo e consultar as suas aspirações e necessidades". (*NPB,* V, p. 123.)

"Reação de 10 de Novembro": "O movimento de 10 de novembro exprime uma reação imperiosa contra estado de coisas tão lamentável. Reconhecidas as fraquezas e deficiências da nossa organização, incapaz de dar ao País os rumos seguros da ordem e a garantia do progresso pacífico, tornava-se inadiável forjar instrumento apropriado à ação construtiva, de firme direção, dentro de um regime expurgado da intervenção personalista, interesseira e dispersiva dos agrupamentos partidários, e aberto à colaboração de todos os brasileiros de boa vontade. A nova Constituição, colocando a realidade acima dos formalismos jurídicos, guarda fidelidade às nossas tradições e mantém a coesão nacional, com a paz necessária ao desenvolvimento orgânico de todas as energias do País". (*NPB,* V, p. 114.) Petrópolis, 18-12-1937.

Os partidos perderam a razão de ser: "Quando os partidos se dissolveram, não foi apenas por um decreto que determinava sua dissolução, porque, quando ele foi baixado, as agremiações partidárias já não existiam. Os partidos haviam perdido sua razão de ser, ou porque não tinham programa ou porque os seus programas não correspondiam às realidades palpitantes da vida nacional. Eram formas sem substâncias. Eram bronzes partidos que haviam perdido a sua sonoridade. Hoje, o governo não tem mais intermediários entre ele e o povo. Não há mais mandatários e partidos. Não há mais representantes de interesses partidários. Há, sim, o povo no seu conjunto e o governante dirigindo-se diretamente a ele, a fim de que, ouvindo os interesses coletivos, possa ampará-los, de modo que o povo, sentindo-se amparado nas suas aspirações e nas suas conveniências, não tenha necessidade de recorrer a intermediários para chegar ao chefe de Estado". (*NPB,* V, p. 134.) Porto Alegre, 7-1-1938.

O Estado Novo e as classes trabalhadoras: "Nenhum governo, nos dias presentes, pode desempenhar a sua função sem satisfazer as justas aspirações das massas trabalhadoras.

"Quais as aspirações das massas obreiras, quais os seus interesses?... A ordem e o trabalho!

"Em primeiro lugar, a ordem, porque na desordem nada se constrói, porque, num país como o nosso, onde há tanto trabalho a realizar, onde há tantas iniciativas a adotar, onde há tantas possibilidades a desenvolver, só a ordem assegura a confiança e a estabilidade.

"O trabalho só se pode desenvolver em ambiente de ordem. Por isso, a lei do salário-mínimo, que vem trazer garantias ao trabalhador, era necessidade que há muito se impunha". (*NPB,* V, p. 203.) 1-51938.

A 11 de maio de 1938, a vanguarda integralista de uma conspiração antigetulista, de que participavam os militares descontentes, os dissidentes da revolução de 1930, os vencidos da guerra paulista de 1932 e os derrotados da Revolta

Vermelha de 1935 atacaram o Palácio da Guanabara, na execução do primeiro plano de terrorismo político no País.

Dominado o levante, Vargas fortalece o seu poderio.

Repulsa pelo atentado de 11 de maio: "Assim como ontem, na defesa da integridade e da honra nacional, repelimos os extremistas da esquerda, enfrentamos, hoje, sem vacilações, os extremistas da direita. Ambos se equivalem nos seus meios e objetivos, e encontram igual repúdio na opinião pública...

"Surpreso e indignado diante de tamanha audácia, o povo mede, com precisão, o alcance do crime e os propósitos dos chacinadores, reclamando justiça e a punição dos culpados onde quer que se ocultem: nos cargos públicos, que traíram no seio da sociedade, que macularam desonrando as tradições de lealdade e o sentimento cristão do povo brasileiro...

"Nas horas tranqüilas, como em meio dos perigos, haveis de encontrar-me em comunhão convosco, honrando as nossas tradições mais puras, defendendo os nossos lares e dignificando a missão que me confiastes". (*NPB,* V, p. 212-213.) Palácio do Catete, 13-5-1938.

A defesa do café pelo governo federal: "Ao recapitular os oito anos da minha gestão administrativa, sinto-me tranqüilo e seguro na convicção de havermos feito tudo quanto era possível, e o melhor possível, para readquirir o que nos tirou a crise de 1929, especialmente no setor da produção agrícola.

"Como elemento básico da nossa economia, foi o café rudemente atingido. A situação difícil que tivemos de enfrentar refletiu-se, de forma direta, na vida e no trabalho de São Paulo...

"O colapso de 1929 processou-se em quadros vastos e complexos. São Paulo, no segundo decênio deste século, transformara-se em núcleo preponderante do progresso do País; a sua evolução, do patriarcalismo econômico para o regime complexo da produção de concorrência, decorrera rapidamente, adquirindo equilíbrio surpreendente e promissor.

"Quando chegávamos ao ponto mais alto dessa ascensão, desencadeou-se a catástrofe, com seu cortejo de sintomas alarmantes. Ao governo saído da Revolução de 1930 coube arcar com as responsabilidades da recuperação econômica...

"A política agrária do governo federal constitui, em essência, a própria política econômica nacional. A sua explicação está no fato de ter conseguido a estabilidade social de São Paulo, justamente ameaçada pelos planos de valorização.

"Como era de esperar, a nova política havia de ter forte repercussão em nossa balança de contas. Obrigou-nos, de início, a suspender os pagamentos da dívida externa, além dos outros sacrifícios que vinham sendo feitos...

"Apesar das dificuldades sem conta, conseguimos desafogar os produtores e o comércio, restituindo a confiança ao mercado e encaminhando-o à plena liberdade de ação". (*NPB,* V, p. 289-293.) Ribeirão Preto, 22-7-1938.

Os trabalhadores de São Paulo e o governo: "O Estado Novo não reconhece direitos de indivíduos contra a coletividade! O Estado, sobrepondo-se à luta de interesses, garante os direitos da coletividade e faz cumprir os deveres para com ela. O Estado não quer, não reconhece a luta de classes; as leis trabalhistas são leis de harmonia social". (*NPB,* V, p. 311.) São Paulo, 23-7-1938.

O Estado Novo e São Paulo: "...São Paulo, através das manifestações ineludíveis do seu povo, está inteiramente identificado com os postulados e ideais do Estado Novo.

Para a formação deste espírito de compreensão do regime contribuem grandemente, Sr. interventor (Adhemar de Barros), a vossa destacada atuação, a clareza com que aprendestes os princípios do Estado Novo, a sinceridade, a lealdade e a franqueza de vossas atitudes e o desassombro com que sempre vos dirigistes ao povo, sem mistificações e sem pensamentos ocultos...

"É que se formara em todo o País, dos seus centros urbanos ao seu longínquo interior, uma só consciência de repulsa e de condenação a um regime de artificialismo em que os interesses particularistas, de grupos ou de classes, imperavam e prevaleciam sobre os supremos interesses nacionais e em que o governo era reduzido à impotência e paralisado nas suas múltiplas atividades, para se sustentar entre transigências e capitulações". (*NPB,* VI, p. 47-48.) Palácio da Guanabara, 23-8-1938.

A Semana da Pátria e da raça: "É inadiável dar pronta solução ao problema do fortalecimento da raça, assegurando o preparo cultural e eugênico das novas gerações.

"Na formação da mocidade está o fundamento de uma política construtiva e dinâmica. A sua prática virá remover numerosos obstáculos que entorpecem o processo nacional...

"Nas circunstâncias atuais, torna-se urgente mobilizar as nobres qualidades do caráter brasileiro, utilizando-as em benefício da cultura e do vigor físico da raça..." (*NPB,* VI, p. 55.) Palácio da Guanabara, 7-7-1938.

O Estado Novo e o momento brasileiro: "Não preciso acentuar a atuação dispensada quanto ao interesse do aparelhamento econômico do País...

"...Não posso, por isso, deixar de examinar alguns aspectos da nossa posição atual. Os de maior predominância são, indiscutivelmente, a expansão do mercado interno, que equivale a um momento da resistência econômica do País, e a crescente diferença entre os preços das mercadorias exportadas e importadas". (*NPB*, VI, p. 75.) 10-11-1938.

Nova política do café: "A vida econômica de um país apresenta a complexidade e a interdependência de uma difícil partida de xadrez. A mudança de uma pedra modifica por completo todos os lances futuros, originando combinações novas.

"O nosso mais importante movimento, no ano último, foi o café. A atitude do governo, a partir das medidas de 3 de novembro, trouxe modificações profundas e a necessidade de medidas colaterais, que vão sendo tomadas de acordo com as circunstâncias". (*NPB,* VI, p. 79.) 10-11-1938.

Capital e braços estrangeiros: "A propósito, devemos aludir a opiniões equivocadas que se costumam apresentar relativamente à nossa situação em face do braço e do capital estrangeiro. Tem-se afirmado, levianamente por certo, que o governo do Brasil impede, ou dificulta, a entrada das reservas financeiras que procuram, entre nós, a aplicação remuneradora. Não é verdade. Aquilo de que fazemos questão, e temos direito de o fazer, é que os capitais aqui invertidos não exerçam tutela sobre a vida nacional, respeitem as nossas leis sociais e não pretendam lucros exorbitantes, próprios das explorações coloniais ou semicoloniais". (*NPB,* VI, p. 87) 10-11-1938.

O Estado Novo e o momento brasileiro: "O governo, no desdobramento do programa de previdência social que se transcorre desde 1930, amparou as classes de trabalhadores, faltando, apenas, a dos agrários, cuja solução se estuda com interesse. Deu-lhes, através de organizações próprias, aposentadoria por invalidez e velhice, e pensão à família, em caso de morte. Ampliada, de maneira auspiciosa, esta primeira parte, vai ampliar os serviços de assistência social já iniciados em muitos institutos existentes. Esses serviços bem distintos dos primeiros serão custeados pelos interessados, com o mínimo de sustentação". (*NPB,* VI, p. 98-99.) 10-11-1938.

O trabalho profissional dos jornalistas: "As leis de amparo às classes trabalhadoras e de satisfação das suas justas reivindicações refletem o sentido superior de harmonia social, em que o Estado se coloca como supremo regulador e em que, sob sua égide, são unicamente assegurados os direitos e impostos os deveres, nas relações entre as classes.

"O Estado não compreende, nem permite, antagonismos de classes nem explosões violentas de luta: para esse fim, criou órgãos reguladores que não só coordenam as relações, como dirimem divergências e conflitos entre as diferentes classes sociais.

"É chegado o momento, portanto, de estender os benefícios dessa legislação aos profissionais da imprensa, sem distinção nem execuções, abrangendo do diretor intelectual ao revisor, ao repórter, ao noticiarista e ao trabalhador gráfico.

"Completando as leis gerais de finalidade social, impunha-se a expedição de uma lei específica que amparasse o trabalhador da imprensa, procurando considerar a peculiaridade da profissão jornalística." (*NPB,* VI, p. 131-132.) 30-11-1939.

O novo regime e a realidade brasileira: "O novo Estado é, antes de tudo, a adaptação do sistema político às realidades próprias do Brasil. Integra todas as forças da coletividade num quadro de ordem, de coesão social e de autoridade de governo. Assegura os fundamentos históricos da Nação, os seus elementos essenciais de existência e os reclamos do seu progresso, ameaçados, comprometidos e sacrificados pela velha ordem de coisas, que não só era incapaz de defendê-los como permitia e, mesmo, estimulava as perturbações facciosas, os regionalismos armados, inconciliáveis com a unidade pátria, e as formações partidárias de índole agressiva, refratárias, por natureza, aos processos democráticos, da mesma sorte que visando ao desmembramento territorial e à subversão da sociedade.

"O combate ao comunismo, como todas as doutrinas e organizações de caráter internacional que atentem contra a unidade da nação e a sua estrutura política e social, é, agora, muito mais efetivo e organizado, tanto pelos meios próprios de que se investiu o Estado para realizá-lo, quanto pelo sentido ideológico do regime, que apenas admite um partido nacional, sobrepondo as necessidades coletivas ao excesso das liberdades individuais, e exclui qualquer atividade política com finalidades contratuais ou adaptáveis à ordem instituída.(...)

"Conservando as linhas tradicionais da federação orgânica e o que existe de substancial no sistema de opinião, como a autonomia dos estados, a forma democrática e o processo representativo, o Estatuto de 10 de novembro criou, entretanto, uma nova estrutura legal. Entre as modificações profundas operadas pelo novo regime, apresentam-se: a limitação do sufrágio universal, direto, só aplicável a determinadas questões acessíveis a todos os cidadãos, tornando, assim, a representação mais verdadeira; o município como base nuclear do sistema político; a substituição do princípio da independência dos poderes pelo da supremacia do Executivo; o fortalecimento do poder da União; a participação efetiva e eficiente da economia, pelas suas organizações próprias, na obra integradora e construtiva do Estado.

"O novo sistema consagra o governo de autoridade, instituindo como regra a declaração legislativa, dando ao presidente da República poderes para expedir decretos-leis quando não estiver funcionando o Parlamento, atribuindo-lhe, ainda, a prerrogativa de dissolvê-lo em casos especiais, e tirando do Judiciário o privilégio de supremo intérprete de constitucionalidade, ou inconstitucionalidade. (...) Estes, postos à guarda do Estado, sempre se sobrepõem aos interesses privados.

"Profundamente nacionalista, o regime assegura e consolida a unidade nacional, faz restrições formais à autonomia dos estados, suprimindo símbolos regionais, estendendo os casos de intervenção, estabelecendo a supremacia das leis federais sobre as locais, nos casos de concorrência legislativa, atribuindo ao poder central a faculdade de requisitar, a cada momento, as milícias estaduais etc.

"As profissões se representam em câmara própria e independente, com funções consultivas em todos os projetos que digam respeito à economia nacional e, eventualmente, com funções legislativas.

"Operou-se, deste modo, transformação profunda nas bases ideológicas e na estrutura jurídica do Estado, ao mesmo tempo que se estabeleceu a eficiência do combate ao comunismo, tanto pelos elementos de ação do poder público como pela maior coesão das forças sociais". (*NPB,* VI, p. 153-155.) Entrevista publicada em Berlim, 20-12-38.

O regime democrático e a Constituição: "Quais as causas principais que induziram V. Exª. a decretar a nova Constituição nas vésperas das eleições?"

"– Poderia afirmar que foi a própria situação eleitoral, evidenciando ainda mais a gravidade da situação política interna e precisando a necessidade de nossa coordenação disciplinadora das energias nacionais. De fato, no instante em que as manobras de um subversivismo insidioso se tornavam mais intensas e impunham aos dirigentes ação mais enérgica, mais decidida, de depuração, assistia-se, infelizmente, a um duelo demagógico eleitoral que tendia a um maior relaxamento do poder central, e, por conseguinte, do controle que o Estado tem a obrigação de exercer contra as propagandas subversivas. O governo era obrigado, continuadamente, a lutar contra um Parlamento que, embora lhe concedesse, a intervalos, os meios de enfrentar situações difíceis, não deixava de ser o fomentador da dispersão de energias patrióticas. A democracia existia em teoria mas não em ato. Reformamos em 1934 a Constituição, para extinguir os regionalismos hegemônicos e para proporcionar ao povo a possibilidade de ser livre na escolha de seus legítimos representantes legislativos, mas os homens políticos recaíram nos antigos defeitos. Assim, quando todos deviam estar reunidos e preparados para combater uma nova tentativa comunista, quando devíamos dar novo nobre exemplo de disciplina patriótica, a ambição desmedida de alguns preparava uma guerra civil, e a demagogia irrefletida de outros protegia os agentes do Komintern". (*NPB,* VI, p. 146-165.) Entrevista ao *Corriere della Sera,* 23-12-1938.

O Brasil no seu regime político entre as outras nações: "No regime atual, as relações entre o indivíduo e o Estado estão nitidamente definidas num conjunto de direitos e deveres. Nem o indivíduo se opõe ao Estado, no velho conflito que degenera freqüentemente em agitações demagógicas, da concepção liberal clássica, nem o Estado o reduz à posição de escravo, segundo algumas fórmulas extremadas dos tempos modernos. Toda a originalidade do Estado brasileiro reside na sábia dosagem de um sistema de direitos e deveres recíprocos. Nesse sistema, o Estado reflete a vontade da nação organizada, como entidade viva, e o cidadão, tendo lugar marcado dentro da organização nacional, dispõe de espaço livre para o exercício de suas liberdades fundamentais". (*NPB,* VI, p. 257-258.) Entrevista ao *Paris Soir,* 17-7-1939.

"Na Constituição de 10 de novembro há um capítulo referente aos direitos e garantias individuais. O regime, portanto, não suprimiu, e sim regulou o respeito a esses direitos. Ele reconhece a iniciativa individual, proporcionando-lhe clima de expansão que a torna mais viva do que antes. Coexistem o individualismo, como característica do poder de criação, signo da força da inteligência e do espírito, e a ação propulsiva e coordenadora do Estado. Antes de 1930, vigorava no Brasil uma Constituição vazada nos moldes do liberalismo clássico. Apesar disso, foi necessária uma revolução para assegurar ao povo brasileiro o gozo de alguns dos seus direitos imprescritíveis". *(NPB,* VI, p. 258-259.) Entrevista ao *Paris Soir.* 17-7-1939.

"Em primeiro lugar, devo salientar o espírito do regime brasileiro. O que existe nele de essencial é uma revisão dos velhos conceitos da democracia meramente formal. Nenhum regime pode divorciar-se da realidade; e a noção da realidade é fundamentalmente dinâmica, não estática. A Grande Guerra abriu um novo período histórico, o que quer dizer, desde logo, que outro ciclo se encerrou. Para que a democracia continuasse a viver, num clima político e psicológico tão diferente da fase que a violência das armas subverteu, ameaçando-nos ainda com a violência de novas idéias, urgia adaptálas ao sentido da terrível lição dos fatos. A imutabilidade, sendo a lenta destruição do Estado democrático, conduz-nos a este absurdo: a sua própria negação pela passiva permissão das doutrinas contrárias à sua existência. Se a democracia não é incompatível com a ordem e tem capacidade para se defender das forças destruidoras que lhe invadem os quadros, o regime de 10 de novembro veio a fortalecê-la, armando-a contra os inimigos de dentro e de fora. Se por democracia se deve entender a instabilidade crônica, como a desordem dos partidos e a luta das facções, salvamos então o Brasil dessa ordem de coisas". (*NPB,* VI, p. 260.) Entrevista ao *Paris Soir,* 17-7-1939.

O governo e a imprensa perante a guerra: "Os conflitos internacionais, restritos e localizados desde 1918, assumem hoje proporções de suma gravidade, envolvendo os grandes povos criadores da civilização ocidental. De nossa parte, como americanos e como brasileiros, só temos de os lamentar. Politicamente, nada nos prende aos beligerantes. Não existem, nesta ou naquela parcialidade, laços profundos de linguagem ou de costumes que nos arrastem e empolguem irremediavelmente. Eqüidistantes de ambos os grupos pelo pensamento político, não temos para entrar na luta sequer a justificativa dos interesses econômicos, que constituem, geralmente, nos dissídios entre os povos, o núcleo gerador dos choques armados. São esses, ainda agora, os motivos determinantes do conflito europeu, que perde a cada novo episódio o caráter de luta entre ideologias antagônicas. As alianças formam-se ou desaparecem, não por efeito das afinidades ideológicas, mas pelo cálculo e ajustamento dos interesses em questão, que reduzem ou acomodam, facilmente, as chamadas divergências de ordem doutrinária.

"A consciência popular brasileira ditou-nos, imperativamente, o caminho a seguir. Decretando a lei de neutralidade, procuramos, ao mesmo tempo, pela participação ativa na Conferência do Panamá, estreitar ainda mais os laços de solidariedade que nos ligam aos povos do continente americano". (*NPB,* VII, p. 24-25.) ABI, 20-10-1939.

A atualidade brasileira e seus problemas: "O governo trata, por isso, em primeiro lugar, da reforma geral dos quadros da vida brasileira, do fortalecimento econômico da nação, para ir, gradativamente, na medida das realizações prévias, completando a organização institucional e instalando os órgãos auxiliares consignados na Constituição. É esse o processo mais aconselhável à recuperação e restauração dos organismos nacionais dentro da forma de democracia renovada em que se harmonizam todos os interesses do povo e os deveres dos governantes.

"A esfera da ação do Estado ampliou-se consideravelmente e persistimos no firme propósito de extinguir tudo quanto seja ou possa parecer privilégio de indivíduos, grupos ou zonas, ampliando eqüitativamente as rendas públicas". (*NPB,* VII, p. 123.) Palácio do Catete, 10-11-1939.

O sentimento de brasilidade, em Blumenau: "Se o governo dissolveu os partidos políticos porque eram forças que encerravam sua atividade nos limites dos estados, não poderia permitir, também, que elementos estranhos, vindos de fora, procurassem perturbar a tranqüilidade das populações coloniais, tentando arrastá-las e organizá-las para o exercício de atividades contrárias aos interesses da pátria. Assim, como as conveniências da política regionalista não podiam prevalecer, por isso que eram impostas contra a vontade do povo, do mesmo modo os agentes forasteiros não deveriam constranger a população colonial, que, por suas inclinações e pelas tradições de sua vida, é genuinamente brasileira.

"Hoje, compreendeis perfeitamente o alcance dessas medidas. Os países da Europa estão em guerra, e as mais cultas civilizações procuram, mutuamente, se entredestruir. Nós lamentamos esses acontecimentos, mas, de qualquer forma, não tomamos partes nas lutas ora travadas.

"O Brasil não é inglês nem alemão. É um país soberano, que faz respeitar as suas leis e defende os seus interesses. O Brasil é brasileiro. Agora, esta população, de origem colonial, que há tantos anos exerce a sua atividade no seio da nossa terra, constituída de filhos e netos dos primitivos povoadores, é brasileira. Aqui, todos são brasileiros, porque nasceram no Brasil, porque no Brasil receberam educação." (*NPB,* VII, p. 197-198.) Blumenau, 10-3-1940.

Em dois anos do novo regime: "Quando, há dois anos, aqui estive, havia-se instalado, recentemente, o novo regime, e tínhamos mostrado os perigos que nos rodeavam e as medidas que era preciso tomar. Decorridos dois anos, já se pode recapitular essas medidas, já se pode dizer, por alto, o que foi feito. Em primeiro lugar, foram abatidas todas as forças estranhas que pretendiam, pela desagregação, penetrar no âmago da nossa organização; foram extintos os radicalismos, os regionalismos, os caudilhismos, enfim, todas as forças desagregadoras da nacionalidade.

"Depois, veio o reajustamento dos quadros da vida nacional. Tudo foi retocado no sentido de erguê-la à altura dos nossos destinos. E, agora posso dizer-vos que o Brasil está firme, reto, invulnerável à ação dissolvente de todos os radicalismos.

"Vieram as medidas tendentes a fomentar a nossa economia, a vulgarizar o nosso crédito, a desenvolver as nossas energias latentes.

"O Brasil, dentro da ordem, da tranqüilidade e da paz, trabalha feliz e alegre". (*NPB,* VII, p. 213.) Porto Alegre, 12-3-1940.

Realizações e projetos do Estado Novo: "Foi assinado mais um decreto criando a Comissão de Siderurgia e nomeando as pessoas que devem constituí-la. Tem ela por objetivo a organização de uma companhia nacional para a fundação da grande siderurgia. Já temos, entre a contribuição particular e a do Estado, o numerário suficiente para levar a efeito tal empreendimento.

"Paralelamente ao problema da siderurgia, será estabelecido o plano de aproveitamento do carvão nacional próprio à produção do coque metalúrgico.

"Com a exploração do petróleo, a criação da siderurgia e o aproveitamento do carvão nacional, o Brasil irá girar em torno de um novo eixo econômico com tal solidez e em tais proporções, que se alterará, até, o teor da nossa vida". (*NPB,* VII, p. 226-227.) Porto Alegre, 12-31940.

A política trabalhista do governo e seus benefícios: "A despeito da vastidão territorial, da abundância de recursos e da variedade de vida, o futuro do País repousa, inteiramente, em nossa capacidade de realização. Todo trabalhador, qualquer que seja a sua profissão, é, a esse respeito, um patriota que conjuga o seu esforço individual à ação coletiva, em prol da independência econômica da nacionalidade. O nosso progresso não pode ser obra do governo, e sim de toda a nação, de todas as classes, de todos os homens e mulheres, que se enobrecem pelo trabalho, valorizando a terra em que nasceram.

"Os benefícios da política trabalhista, empreendida nesses últimos anos, alcançam profundamente todos os grupos sociais, promovendo o melhoramento das condições de vida nas várias regiões do País e elevando o nível de saúde e bem-estar. A ação tutelar e previdente do Estado patenteia-se, de modo constante, na solicitude com que se criam os serviços de proteção ao lar operário, de assistência à infância, de alimentação saudável e barata, de postos de saúde, de creches e maternidades, instituindo o ensino profissional junto às fábricas e ultimamente voltando as suas vistas para a construção de vilas operárias e casas populares". (*NPB,* VII, p. 291-293.) Rio, 1-5-1940.

A terra amazônica do Pará: "... No longo período de sete anos muito fizemos, vós proletários e o governo, que vos ampara numa troca contínua de colaboração e de esforços: a lei dos dois terços assegurou a predominância do trabalhador nacional, até então esquecido nas fábricas cujos proprietários não lhe reconheciam esse direito; a lei de sindicalização conferiu aos trabalhadores a representação social e a colaboração através de seus órgãos representativos nos altos conselhos do governo; a lei de oito horas de trabalho e a lei de estabilidade nas funções evitaram que o proletário continuasse vítima do arbítrio e da prepotência; as caixas de aposentadorias e pensões deram aos operários a garantia e a segurança de uma velhice tranqüila e, também, o amparo às suas mulheres e aos seus filhos, na viuvez e na orfandade; a lei do salário mínimo assegurou ao proletário o direito de viver com decência e conforto; a Justiça do Trabalho deu-lhe a forma de garantir, prática e seguramente, o reconhecimento de seus direitos". (*NPB,* VIII, p. 63.) Belém, 8-10-1940.

A Revolução de 1930 e o 10 de novembro de 1937: "Há dez anos passados, à tribuna popular improvisada na Esplanada do Castelo, neste momento local, subiu um candidato que se apresentava com um programa de renovação nacional. Trazia, até então, propósitos pacíficos, não havia no seu espírito a idéia de fazer uma revolução. Estávamos numa época em que se dizia existir, no Brasil, um regime democrático, e o candidato pretendia experimentá-lo, apresentando-se às urnas livres para ser eleito pelo voto popular e depois, dentro dos quadros legais, realizar seu programa.

"...Aludi, há pouco, à existência de uma organização democrática, perante a qual liberdade de voto era um direito. Pois bem, a eleição foi uma farsa.

"O movimento revolucionário irrompido a 3 de outubro era uma reação espontânea, incoercível da consciência brasileira. Ninguém poderia conter a Revolução, porque ela já estava feita nas almas.

"E foi assim que o candidato da campanha eleitoral de 1929 chegou à suprema magistratura do País.

"Veio o 10 de novembro, movimento orgânico, completo e integral, que, dando estrutura política às reivindicações de 1930, restaurou o Brasil nas suas tradições históricas e nas glórias do seu passado, integrando-o nas realizações do seu presente e nas aspirações do seu futuro. A Revolução continuava e entrava, afinal, no seu período construtor.

"O 10 de novembro não teve vencedores nem vencidos. Não derramou uma gota de sangue brasileiro. E por isso todos os patriotas podem encontrar-se no regime por ele instituído para colaborar na obra de reconstrução nacional". (*NPB,* VIII, p. 143-145.) 9-11-1940.

A obra de dez anos de governo: "...O preconceito de classe, tal como o concebem e exploram os reformadores extremistas, nunca nos preocupou na elaboração das leis sociais. Numa sociedade onde os interesses individuais prevalecem sobre os interesses coletivos, a luta de classes pode surgir com o caráter de uma reação de conseqüências funestas. Por isso, as leis sociais, para serem boas e adaptáveis, devem exprimir o equilíbrio dos interesses da coletividade, eliminando os antagonismos, ajustando os fatores econômicos, transformando, enfim, o trabalho em denominador comum de todas as atividades úteis. O trabalho é, assim, o primeiro dever social. Tanto o operário como o industrial, o patrão como o empregado, realmente voltados às suas tarefas, não se diferenciam, perante a nação, no esforço construtivo; são todos trabalhadores. Diante deles e contra eles só há uma classe em antagonismo permanente, cuja nocividade é preciso combater e reduzir ao mínimo: a dos homens que não contribuem para o engrandecimento do País, a dos ociosos, a dos parasitas". (*NPB,* VIII, p. 163.) 11-111940.

O Brasil e a Argentina: "...Ante essa pergunta sobre o conceito do regime que denominamos Estado Novo ou Estado nacional, parece-me oportuno dizer-lhe que, ao instituí-lo, não tivemos em vista copiar este ou aquele modelo, mas, apenas, dar forma política às tendências sociais e econômicas da vida brasileira. Qualquer pessoa culta, ou um observador avisado, que examine sem prevenções a nova estrutura política do Brasil reconhecerá, desde logo, que ela assenta em princípios legitimamente democráticos. Dentro de nossas realidades e diretrizes históricas, instituímos uma democracia realista e funcional. Certamente, por suas características, difere de muitas organizações americanas, mas é a forma necessária de concentração da autoridade, que permite a uma nação de vasto território, com um passado de regionalismos estreitos e particularismos de formação, adquirir estrutura capaz de resistir às crises do seu próprio crescimento e às graves perturbações que atravessa o mundo". (*NPB,* VIII, p. 297-298.) 26-6-1941.

O Brasil perante a América e o mundo: "Só à primeira vista, como se diz, a estrutura do Estado nacional pode parecer obstáculo à defesa dos princípios democráticos da formação americana. O Brasil nunca deixou de ser, sob o novo regime, uma democracia, mesmo porque, mais que nas palavras e nas convenções legais das democracias parlamentares, esse regime atende aos interesses do povo e consulta as suas tendências através das organizações sindicais e associações produtoras. É mais uma democracia econômica que política, e, por isso, apresenta, simplificado, o mecanismo adequado de consulta e de controle da opinião pública. Não temos assembléias numerosas onde seja possível, à custa do dinheiro público, desperdiçar o tempo em arroubos oratórios e debates estéreis. Substituímo-las, e parece que com vantagem, pelos conselhos técnicos, pela consulta direta aos órgãos representativos da vida econômica e social do País. Na realidade, o que parece divergência ideológica ou doutrinária, no regime brasileiro, em relação aos demais Estados da América é, somente, a afirmação de nossas peculiaridades históricas". (*NPB,* VIII, p. 285.) Entrevista a *La Nación,* de Buenos Aires, Argentina.

A influência construtiva das universidades: "...Nos países onde não existem privilégios de nobreza ou de casta, o papel das elites no futuro da nacionalidade é da maior relevância. Do mesmo modo, nos de estrutura jovem, cujo tipo racial ainda não se acha estratificado, cabe às elites, através das instituições culturais, atuação ainda mais direta e importante.

"Por isso mesmo, as universidades, centros de elaboração cultural, têm grande influência nos povos de índole democrática. Cumpre-lhes preservar as tradições do País com o estado da sua história, da sua filosofia, da sua arte. Resumindo a cultura nacional, as elites representam a força da tradição, mediante a qual se realiza a formação espiritual dos povos". (*NPB,* IX, p. 65,) Assunção, Paraguai, 3-8-1941.

O Exército, pioneiro do desbravamento da Terra e centro de irradiação cívica: "Nos países de velha civilização, completamente desbravados e cultivados, a missão das Forças Armadas limita-se às tarefas imediatas de assegurar a ordem interna e garantir a integridade territorial. Os exércitos vivem quase à margem da vida civil, consagrados à preparação para as emergências de guerra e ao estudo dos temas de luta contra o invasor provável ou o inimigo possível. Entre nós, povo de formação recente, de baixa densidade demográfica, em relação ao território extenso e inexplorado, cabem às forças militares tarefas mais amplas e multiformes. Elas não são, apenas, os esteios do solo pátrio; agem, também, como pioneiras no desbravamento e ocupação da terra, ligadas a todas as atividades construtivas, auxiliando o desenvolvimento do País nos setores industriais, nas comunicações, nos transportes, na pesquisa das riquezas naturais e seu aproveitamento". (*NPB*, IX, p. 87.) Cuiabá, 6-8-1941.

Dia do Trabalho – Dia do Operário: "... Jornais e rádios europeus acusam-nos de fazer 'guerra privada' aos países do Eixo, confiscando-lhes bens do Estado e particulares, submetendo-lhes os súditos a restrições de liberdades.

"...A nossa declaração de solidariedade ao povo norte-americano, a que nos liga secular amizade, e o conseqüente rompimento de relações diplomáticas com os países que o arrastam à guerra, era um imperativo de obrigações solenemente assumidas em tratados e convênios e da aplicação de princípios de unidades políticas continentais, sempre afirmados e intransigentemente defendidos pelo Brasil. Aos definirmos, porém, essa atitude, timbramos em exprimir o decidido propósito de continuar em paz com todo o mundo, ressalvada a hipótese de sermos agredidos". (*NPB*, IX, p. 216.) Rio, 1-5-1942,

O primeiro lustro do Estado Nacional: "...Consideramos mero bizantinismo indagar se o novo regime é ou não democrático. As oligarquias antigas e modernas, os regimes de privilégio, muitas vezes se apelidaram democráticos. E o eram, na verdade, para uma parte da população que lhes usufruía as vantagens. Não devemos, por conseguinte, preocupar-nos com os vários sentidos emprestados à palavra democracia. Para os espíritos retardados, ela é o velho jogo político-eleitoral, com restrições maiores ou menores; é a oposição crônica entre governantes; é o liberalismo degenerando em licenciosidade. Quanto a nós, com a experiência dos cinco anos decorridos, torna-se fácil verificar que democracia é a forma de governar em benefício do povo como um todo, em função dos interesses supremos da Pátria, acima das imposições de grupos, de clãs ou regiões. A autoridade baseada nas leis e a segurança no trabalho vêm acelerando o nosso crescimento econômico e fortalecendo os laços da comunidade. O que nos cumpre é aperfeiçoar o aparelho político-administrativo, completando os órgãos constitucionais, preparando o País para a sucessão normal dos seus dirigentes dentro das fórmulas da democracia funcional que instituímos". (*NPB,* IX, p. 312-313.) 10-11-1942.

"A Conferência dos Chanceleres, realizada em janeiro deste ano (1942), teve por conseqüência o rompimento das relações diplomáticas e econômicas com os países do Eixo, único meio de que dispúnhamos para impedir que, à sombra de imunidades e através de organizações ilegais, se conseguisse prejudicar os interesses dos povos americanos.

"Alguns meses decorridos, sem que houvesse atos de hostilidade da nossa parte, fomos provocados da maneira brutal que todos conhecem. Em legítima defesa da nossa honra, fizemos o que nos cumpria. Declaramos o estado de beligerância com os agressores e nos tornamos aliados das nações que defendem os princípios da liberdade e autodeterminação dos povos contra as que preferem a política de presa, a invasão *manu militari* e o assalto organizado às populações pacíficas e laboriosas. Empenhados nas tarefas de desenvolvimento interno, não desejávamos a guerra. Tivemo-la, entretanto, e o que que agora nos cabe fazer está na consciência de todos os brasileiros". (*NPB,* IX, p. 314-315.) 10-11-1942.

O patriotismo do trabalhador brasileiro: "...O Exército nacional de tão gloriosas tradições conclui a sua mobilização, articula-se com a Armada e Aeronáutica, segundo os planos de cooperação militar com os Estados Unidos, e se presta para as eventualidades das lutas.

Precisamos, todavia, acelerar o ritmo da nossa preparação militar e criar uma mentalidade de guerra. Elevem os corações todos os brasileiros, coloquem-se acima dos interesses transitórios, desprezando intrigas e brigas mesquinhas; onde houver perseguições, propósitos de vingança, desonestidades ou explorações, far-se-á sentir a ação reparadora do poder público.

O povo brasileiro não faltará, por certo, aos seus soldados, aos seus marinheiros e aos seus aviadores, com os elementos de que careçam para atuar mais amplamente. E para que isso aconteça torna-se indispensável continuarmos, com redobrado empenho, a mobilização dos nossos recursos econômicos, diríamos melhor, usando a linguagem militar: A Batalha da Produção". (*NPB,* X, p. 35.) Rio, 1-5-1943.

A nova sede do Ministério da Fazenda: "...Não temos tempo para desperdiçar na interpretação de fórmulas ideológicas e no exame das conveniências políticas de simples finalidade eleitoral. No fundo da nossa consciência sentiríamos remorso se contribuíssemos para lançar o povo brasileiro nos excessos de uma agitação partidária com o fim de tranqüilizar os pruridos demagógicos de alguns leguleios em férias. É singular e merece reparo irônico que esses inquietos reformadores, improvisados, sempre conhecidos no cenário político pelas suas tendências retardatárias, se erijam em profetas democráticos exatamente na ocasião em que os povos de velha estrutura representativa preferem adiar as convocações à vontade popular e manter os chefes nos seus postos. Quando terminar a guerra, em ambiente próprio de paz e ordem, com as garantias máximas à liberdade de opinião, reajustaremos a estrutura política da Nação, faremos de forma ampla e segura as necessárias consultas ao povo brasileiro. E das classes trabalhadoras organizadas traremos de preferência os elementos necessários à representação nacional: patrões, operários, comerciantes, agricultores... A primazia nas posições de direção, controle e consulta caberá aos que trabalham e produzem, e não aos que se criaram em cultivar a atividade pública como meio de subsistência e instrumento de simples acomodações pessoais". (*NPB,* X, p. 178.) 10-11-1943.

O Brasil e suas Forças Armadas nas tarefas árduas da guerra: "...As circunstâncias extraordinárias que o mundo atravessa, há um quadriênio, refletiram-se na vida individual e coletiva dos brasileiros. A partir de 1939, fazemos ingentes esforços para contrabalançar os fatores prejudiciais ao ritmo normal do nosso desenvolvimento. Dificuldades de ordem econômica, medidas urgentes de segurança e imperativos de defesa vieram assoberbando as nossas atividades gerais. A tudo acudimos em tempo e congraçados em perfeita união mobilizamos os recursos disponíveis e enfrentamos resolutamente as eventualidades. Sucessivas agressões que não provocamos levaram-nos ao terreno da luta que hoje nos exige contribuição efetiva em armas e elementos bélicos.

As nossas Forças Armadas terão igualmente ensejo de adestrar-se nos processos da guerra moderna num vasto campo de experiências onde não lhes faltarão glórias. Além disso, cabe ressaltar que assim procedendo cumprimos as obrigações livremente assumidas e atendemos ao desejo manifesto dos nossos aliados, honrando ao mesmo tempo a posição única de representantes mais numerosos da cultura latina no grupo das nações vitoriosas". *(NPB,* X, p. 244.) 31-12-1943.

A criação dos territórios nacionais: "...O Brasil possui quase oito milhões e meio de quilômetros quadrados, constituindo uma unidade política pela língua, pela religião, pela cultura e uma viva tradição histórica de contínua reafirmação de nacionalidade. O mesmo não se pode dizer de sua unidade econômica. Economicamente apresentamos a imagem de um arquipélago com zonas bastante industrializadas e de acentuada densidade demográfica, enquanto outras permanecem escassamente povoadas, com indústrias rudimentares ou mesmo sem qualquer indústria.

"Dispomos de vasto território e não ambicionamos um palmo de terra que não seja nosso. Já o afirmei de outra feita e agora repito. Não nos impele outro imperialismo que não seja o de crescermos dentro dos nossos limites territoriais para fazer coincidir as fronteiras políticas com as fronteiras econômicas.

"A criação dos territórios fronteiriços nas zonas colindantes e de população espassa deve ser considerada, por isso, medida elementar de fortalecimento político e econômico". (*NPB,* X, p. 269-270.) 27-1-1944.

Cooperação entre os grupos sociais: " ... Concluídos estes aperfeiçoamentos no sistema de auxílio e estímulo ao operário industrial, o Estado atacará com idêntico empenho outro aspecto relevante do problema da produção. Estão adiantados os estudos para a promulgação de uma lei definidora dos direitos e deveres dos trabalhadores rurais. A quinta parte da nossa população total trabalha e vive na lavoura, e não é possível permitir por mais tempo a situação de insegurança existente para assalariados e empregadores.

"Para o êxito completo dessas iniciativas faz-se mister cerrar fileiras em torno das agremiações sindicais. A massa operária de São Paulo, nos seus trinta e três mil locais de trabalho, concentra cerca de oitocentos mil trabalhadores, e destes, apenas cento e vinte mil se acham filiados aos órgãos de classe. Noutra oportunidade já vos dirigi um apelo para que vos congregásseis por forma que os sindicatos representassem, realmente, um número de associados que fosse expressão total de cada atividade, aptos a exercer ativa fiscalização dos direitos que lhes assistem". (*NPB*, X, p. 289-290.) São Paulo, 1-5-1944.

Trabalho e produção: "...Em vez de ser de polícia, como diziam nos governos passados, os problemas do operariado brasileiro são de integração social, de cooperação com as outras classes, mas sentindo e usufruindo todos os direitos e garantias que a sociedade moderna assegura ao indivíduo.

"Devo agora dirigir-me à classe comercial. É o elemento distribuidor da riqueza, o intermediário entre o produtor e o consumidor, igualmente uma força orgânica do desenvolvimento do País.

"Ouvi, por fim, a classe industrial, através de seu prestigioso representante...

"Contudo, o que mais agrada ao meu espírito é constatar que essas três classes comungam nos mesmos sentimentos, visam ao mesmo objetivo e, portanto, atingem esse grau de íntima cooperação, que foi sempre um dos intuitos do meu governo. Nunca pretendi fomentar a luta de classes, mas, ao contrário, a paz, a harmonia e a colaboração entre elas". (*NPB*, X, p. 18-19.) Belo Horizonte, 1-7-1944.

O ponto mais alto da existência da Nação: "... Eis na realidade a posição atual do Brasil no mundo. Já não somos, como há poucos lustros, uma simples comunidade semicolonial, presa à produção de dois ou três produtos tropicais e dependendo em tudo, ou quase tudo, da importação de artigos manufaturados. Pusemos em relevo os próprios valores econômicos, inclinamos a balança da produção para o setor industrial, iniciamos, finalmente, a exploração das riquezas do nosso subsolo, tão louvadas sempre e tão pouco conhecidas. E o que é mais: fizemos, neste período convulsionado da vida internacional, realçar o nosso papel no concerto das grandes nações.

O problema institucional do País também não deve

causar-nos apreensões. Já foi simplificado com as reformas de 1937, de profundo e sadio sentido democrático, que incorporam à vida política boa parte da população ativa, dos trabalhadores e produtores da riqueza nacional, colocando em primeiro plano os interesses do povo, a segurança da comunidade. Terminada a guerra, em ambiente de calma, a nação, através de ampla consulta às urnas, poderá pronunciar-se e fazer a livre escolha dos seus mandatários". (*NPB,* XI, p. 27-28.) 7-9-1944.

Planejamento econômico: "...Só as mentalidades impermeáveis aos ensinamentos dos pactos podem acreditar ainda na validade dos princípios do *laisser-faire* econômico e nos seus corolários políticos. O livre jogo das forças sociais, no estágio de evolução a que atingimos, é a anarquia pura e simples. Esta verdade, cabalmente confirmada pelas imposições da guerra às grandes potências mundiais, torna-se de maior evidência em relação aos povos como o nosso, em plena fase de crescimento e expansão. País novo, no sentido da apropriação dos recursos naturais e sua valorização, o Brasil reclama disciplina e método em todas as atividades criadoras de riqueza.

"A Comissão de Planejamento, que ora instalamos, não se destina a intervir compulsivamente na organização econômica, nem pretende entravar a iniciativa particular, mas, pelo contrário, ampará-la, quando tiver um sentido realizador e orgânico. Deverá agir, apenas, como instrumento de orientação, apressando o desenvolvimento geral do País e diretrizes racionais e previdentes, evitando desperdícios e perturbações sociais". (*NPB,* XI, p. 37.) Palácio do Catete, 3-10-1944.

Reajustamento mundial e readaptação nacional: "...Há sete anos o Brasil atravessava uma fase grave e agitada da sua vida e nossa sociedade política sofria a dupla ofensiva de doutrinas opostas e perigosas, a que se misturavam ideologias utópicas e interesses alienígenas – umas e outras em detrimento das verdadeiras aspirações e necessidades nacionais.

"O Estado nacional, instaurado em momento tão difícil, restabeleceu a confiança geral, revigorou a ordem interna e pôs fim a essas lutas de influências, dando-nos a oportunidade de resolver, quando e como fosse conveniente, os problemas fundamentais do nosso desenvolvimento, tendo em vista, apenas, os superiores reclamos da coletividade brasileira. Sem o fetichismo das formas clássicas ou revolucionárias de organização política, adaptamos, com senso realista, às condições sociais e econômicas do País, um aparelhamento institucional dotado de plasticidade bastante para enfrentar as dificuldades supervenientes e permitir maior amplitude de ação às energias nacionais. E o que foi feito, durante esses anos, em benefício do engrandecimento e do reforço da unidade da pátria, comprova por si mesmo, de forma concludente, o acerto da reforma político-administrativa de 1937, que deverá completar-se com a instalação e funcionamento de todos os órgãos previstos na Constituição de 10 de novembro". (*NPB,* XI, p. 45-46.) 1011-1944.

Um balanço no fim do governo: "...Em relação aos trabalhadores, realizamos quanto foi permitido, e mesmo muito mais. As promessas do candidato da Aliança Liberal e as afirmativas do discurso de posse do chefe do governo provisório, em 3 de novembro de 1930, foram ultrapassadas, pois conseguimos organizar o trabalho nacional seguindo os princípios cristãos de justiça social, sem abalos econômicos e políticos.

"O trabalhador brasileiro possui hoje o seu código de direitos, a sua carta de emancipação econômica. E sabe, perfeitamente, o que isto vale, o que isto representa como patrimônio cultural e material, sobretudo na hora de lutas e incertezas que vive o mundo, quando os povos civilizados sofrem provações tremendas, divididos e dizimados pela guerra.

"Já fiz a minha parte na grande tarefa de mobilizar, para o engrandecimento comum, as forças criadoras da nacionalidade. Ultimada a recomposição política e reajustados os quadros governamentais, retornarei às atividades de simples cidadão, recolhendo-me à vida privada. Por isso mesmo, quero repetir o que disse noutra oportunidade: os trabalhadores nunca me decepcionaram. Encontrei neles, invariavelmente, incentivo para governar acima das preocupações particularistas, para lançar os grandes empreendimentos nacionais e decidir, nos momentos difíceis, sobre os nossos destinos comuns. Em compensação por essa solidariedade inquebrável, empenhei-me a fundo pela concessão de garantias legais e de amparo econômico a todas as classes de trabalhadores.

"Com os preliminares da reforma institucional e a próxima promulgação da lei eleitoral, que vai dar ao país os meios de escolher livremente os delegados de sua confiança, surgirá a oportunidade de apurar democraticamente os legítimos valores nacionais.

"Digam o que disserem, neguem por negar, a qualquer observador de bom senso não escapa a evidência do progresso que alcançamos no curto prazo de quinze anos. Éramos, antes de 1930, um país fraco, dividido, ameaçado na sua unidade, retardado cultural e economicamente, e somos hoje uma nação forte e respeitada, desfrutando do crédito e tratada de igual para igual no concerto das potências mundiais. E essa é a nossa obra, trabalhadores; esses são os nossos títulos de confiança pública; essa é a situação excepcional que criamos para a nossa pátria e que ninguém pode ter a ousadia, o desplante de menosprezar e denegrir. Mas essa obra é também do Estado nacional.

"Não é demais repetir aos que, por teimosia, paixão ou má-fé, atribuem ao governo tendências totalitárias, ter sido esse mesmo governo que colocou o 'fascismo' fora da lei muito antes de deflagrar a guerra mundial, que preparou o País para a defesa contra a agressão nazi-fascista e o conduziu, mais tarde, aos compromissos com as Nações aliadas. Os nossos atuais acusadores se esquecem de que, mesmo antes de sermos agredidos e levados à beligerância, já mantínhamos estreita cooperação política, econômica e militar com os Estados Unidos, fornecendo-lhes materiais estratégicos e permitindo-lhes utilizar as nossas bases aeronavais do Nordeste.

"A candidatura do general Eurico Gaspar Dutra, chefe militar com assinalados serviços à defesa nacional, merece a confiança da Nação e já reúne a maioria das suas forças políticas. Reconhecendo isso, os adversários se desviaram, manejando as armas da intriga e conspirando na sombra. Ora proclamam que devo ser deposto, ora assoalham que pretendo, por um golpe de força, continuar no poder. Como não se apóiam em idéias, como não têm programa de ação pública, adotam os processos fáceis e gastos da turbulência demagógica. Nada conseguirão. O povo brasileiro está politicamente amadurecido para escolher o que lhe convém.

"Quanto aos 'golpistas' e aos reacionários de toda espécie que pretendem interromper o 'trabalho e a tranqüilidade' do povo brasileiro, eu desafio que o façam. Qualquer tentativa de perturbação da ordem será reprimida severamente. Sem temer ameaças, cumprirei o compromisso de garantir a todos a livre manifestação das opiniões e o exercício do direito de voto. Manterei a ordem, realizarei as eleições e passarei o poder a quem for legitimamente eleito pelo povo". (*NPB,* XI, p. 141-150,) Rio, 1-5-1945.

A história da filantropia no Brasil: "...Em matéria de saúde, como higiene e educação, não deve caber exclusivamente ao poder público o encargo de prever todas as exigências sociais. A iniciativa particular conta muito e, além das contribuições materiais, vale pelo estímulo que traz aos governantes, encorajando-os a agir mais amplamente.

"É um imperativo social elevar o índice de saúde das populações, capacitando-as para trabalhar mais e melhor. Os nossos quarenta e cinco milhões de habitantes produziriam o dobro ou o triplo do que produzem atualmente se não fossem tantos os danos das endemias e os malefícios do pauperismo com o seu cortejo de moléstias típicas.

"O meu governo empenhou-se sempre em combater quantos males afetam a produtividade geral e diminuem a capacidade do nosso povo. Conto seguramente que os futuros delegados da nação no exercício das funções públicas não esquecerão esse magno problema.

"As liberdades públicas, os decretos políticos são, por certo, valores essenciais numa boa organização social; a democracia é, sem dúvida, o regime ideal para os povos a que não faltam preparo, saúde e alimentação farta; de nada servem, porém, a liberdade para passar fome ou o direito de ter frio sem cobertor. Se quisermos que a nação se engrandeça, fortalecida e segura dos seus destinos, devemos dar-lhe rigidez física, novas e maiores energias criadoras, porque só assim poderá enfrentar e realizar as tarefas definitivas do seu progresso cultural e econômico". (*NPB,* XI, p. 171-173.) Santos, 2-7-1945.

A sorte das armas mudara na África. As forças motorizadas de Romell e as legiões italianas cediam ao avanço de Montgomery. Logo, as tropas aliadas invadiriam a Normandia, reconquistando a Europa ocupada pelas *panzers* de Hitler. Os bravos *pracinhas* marcavam, gloriosamente, a presença do Brasil nas vitórias da FEB e na ação da FAB.

O Estado Novo desmoralizava-se. Era preciso contramarchar, rapidamente, no sentido de restituir ao País a face constitucional com que se apresentaria na Conferência da Paz. Vargas fala de acordo com o momento: "...A posição do Brasil na vida internacional nunca foi de tanto prestígio e segurança. Sustentamos, com as nossas próprias armas, o direito de existir entre os povos livres. Finda a luta, não reclamamos vantagens. Queremos, antes de tudo, que, na recomposição das relações entre os povos, prevaleçam os princípios de justiça e igualdade. Depois das deliberações de São Francisco, a próxima reunião de chanceleres americanos, em nossa capital, vai assentar o que nos cumpre fazer na reafirmação do pacto continental. A escolha é uma honra para nós e concorrerá para fortificar os postulados básicos da solidariedade interamericana. Em 1941, aqui constituímos os fundamentos da união continental; um quatriênio decorrido, no mesmo ambiente, vamos reestruturar os princípios da paz.

"A nossa situação interna, malgrado as perturbações inevitáveis da guerra, cujos reflexos não podem desaparecer rapidamente, é de estabilidade e progresso. A agitação de natureza política não abalou, felizmente, os resultados favoráveis do trabalho nacional. Coerente com as reiteradas afirmações feitas de público, desde 1944, o governo tomou as medidas necessárias à recomposição dos quadros institucionais do País. Fez a reforma constitucional, concedeu anistia e decretou a Lei Eleitoral. Existe ampla liberdade de expressão e propaganda. As correntes de opinião se organizam em partidos, acelera-se o processo de alistamento e a justiça eleitoral já funciona em todo o território nacional. Num ambiente de garantias reais, o País se prepara para escolher os seus altos representantes e mandatários. Os resultados das urnas decidirão, soberanamente, sobre os rumos da nossa recomposição política. Como chefe de governo prometi eleições livres e honestas e quero presidi-las, com absoluta isenção e segurança. Nada mais pretendo. Já o disse em várias oportunidades e o reafirmo agora.

"O povo brasileiro possui hoje uma mentalidade política bem diferente da que imperava nas antigas campanhas eleitorais. Sabe o que quer e há de decidir por si mesmo na hora de votar. Para tanto, não lhe faltarão garantias e a liberdade de escolher entre os que forem dignos da sua confiança". (*NPB,* XI, p. 182-183.) 7-9-1945.

A oposição se avolumava e denunciava uma intenção continuísta do ditador. Por isso ele se dirige aos que o apóiam, notadamente o Partido Trabalhista Brasileiro.

Afirmou que não se cogitava de qualquer outra modificação, nem de golpes ou atos secretos, como se anunciava com propósitos de desordem. E acentuou que, assim, podia dar aos trabalhadores em geral, às classes populares e mesmo aos funcionários um conselho – o de que viessem reforçar as fileiras do Partido Trabalhista Brasileiro. Essa atitude tinha quatro assinaladas vantagens: "1ª: defender os trabalhadores das tentativas de absorção por parte de elementos extremistas; 2ª: evitar que os operários constituam uma massa da manobra para os políticos de todos os tempos e de todos os matizes, os quais, depois de eleitos pelos trabalhadores, se esqueçam dos compromissos para com eles assumidos; 3ª: que os trabalhadores deviam ir às urnas escolhendo os representantes saídos do seu seio e intérpretes de suas aspirações; e 4ª: que esses representantes farão valer suas opiniões para uma organização constitucional em bases verdadeiramente democráticas". (*NPB,* XI, p. 198.) 10-10-1945.

A 29 de outubro de 1945, Vargas é deposto, assumindo o poder o presidente do Supremo Tribunal Federal, ministro José Linhares.

A Constituição, outorgada, de 10 de novembro de 1937, suprimira o cargo de vice-presidente da República. Dissolvidas, àquela data, as duas casas do Congresso, interrompe-se, conseqüentemente, a linha constitucional da sucessão presidencial pela ausência do presidente da Câmara dos Deputados e do vice-presidente do Senado Federal.

Os chefes do golpe militar, entre os quais os dois candidatos à Presidência da República – general Eurico

Gaspar Dutra e brigadeiro Eduardo Gomes – haviam acordado em convocar o presidente do Superior Tribunal Federal, o seguinte na linha constitucional das sucessão. Assim, o golpe revestia-se de uma aparência de legalidade.

Vargas não renunciou. Foi deposto. Antes de partir para o exílio voluntário, em São Borja, de onde voltaria "nos braços do povo", eleito presidente constitucional, dirigiu uma mensagem ao povo brasileiro: "Em todos os momentos decisivos de minha vida pública sempre procurei pairar acima das paixões e choques personalistas, pensando somente no bem da pátria.

"Não me afastarei, ainda agora, dessa atitude de serena isenção. Abstenho-me de analisar os graves acontecimentos que me levaram a renunciar ao governo, a fim de evitar ao País maiores males e abalos irreparáveis.

"A História e o tempo falarão por mim, discriminando responsabilidades.

"Ao afastar-me da vida pública quero, apenas, dizer aos brasileiros palavras de compreensão e de confiança nos seus juízos definitivos.

"Não tenho razões de malquerença para com as gloriosas Forças Armadas da minha pátria, que procurei sempre prestigiar. Nenhum governo se esforçou mais do que o meu pelo seu fortalecimento. Nenhum outro cuidou tanto da sua preparação profissional, do selecionamento dos seus quadros, do seu aparelhamento material, da melhoria de suas condições de trabalho e conforto.

"Ao povo brasileiro procurei servir, sempre, defendendo com intransigência as suas aspirações e legítimos interesses.

"Faço votos para que a serenidade volte aos espíritos e todos se compenetrem das tremendas responsabilidades do momento.

"Não guardarei ódios nem prevenções pessoais.

"Os trabalhadores, os humildes, aos quais nunca faltarei com o meu carinho e assistência – o povo, enfim, há de me compreender.

"E todos me farão justiça". (*NPB,* XI, p. 205-206.) 30-10-1945.

A roda da política continua girando. Deposto pelo seu ministro da Guerra, general Eurico Gaspar Dutra, Vargas vai elegê-lo presidente da República. Assim recomenda a candidatura que havia apresentado ainda quando dirigia o País, do Palácio do Catete. Mensagem ao Povo em 28-11-1945: "...As ocorrências de 29 de outubro foram o resultado de erros e confusões das quais nos devemos dar quitação recíproca. As Forças Armadas do Brasil devem estar acima de suspeitas facciosas e não podem ser consideradas em causa nas lutas partidárias.

"O momento não é de nomes, mas de programas e de princípios. Recentemente, em mensagem, aconselhei aos trabalhadores que cerrassem fileiras em torno do programa do Partido Trabalhista Brasileiro, representante e defensor dos seus interesses.

"O general Eurico Gaspar Dutra, candidato do PSD, em repetidos discursos e, ainda agora, em suas últimas declarações, colocou-se dentro das idéias do programa trabalhista e assegurou a esse partido garantias de apoio, de acordo com as suas forças eleitorais. Ele merece, portanto, os nossos sufrágios". (*NPB,* XII, p. 15-16.)

Os partidos políticos se apresentam para disputar as eleições que se aproximam. Vargas discursa, na Convenção do PTB, em Porto Alegre: "...O Partido Trabalhista Brasileiro tem dois grandes objetivos a realizar. Um é o de manter intatas as conquistas das leis trabalhistas outorgadas no meu governo. É preciso que nenhuma delas sofra sequer uma restrição, mas que continue a sua evolução normal, batendo-se o Partido Trabalhista para que essa legislação social se vá cada vez mais aperfeiçoando.

"O outro dos objetivos no Partido Trabalhista é que,

sendo um partido de massas e tendo fins concretos, tem, também, grandes ideais. É um partido de idealistas, cujo raio visual se estende e confunde com os horizontes da nossa pátria.

"É necessário que os trabalhadores se organizem em partidos com programas concretos, contendo-se neles todas as suas reivindicações, a fim de que, através dos mesmos, pelo seu número e prestígio, possam tirar do seio da massa os seus delegados e representantes, que hão de fazer valer, nos parlamentos, os seus direitos. Por conseguinte, mais do que nunca é indispensável que a massa trabalhadora se aliste no Partido Trabalhista, a fim de torná-lo uma força irresistível, e que a opinião pública, através dele, se faça manifestar.

"É que nós estamos, por enquanto, apenas numa democracia política, quando os trabalhadores a têm que completar com a democracia econômica.

"A democracia política e a econômica a que estamos assistindo no momento são ainda os vestígios, como afirmou um dos vossos oradores, do velho liberalismo burguês, fora da época e inteiramente fora dos ensinamentos da política moderna. Por isso nós estamos, em matéria de política, no regime dos intermediários que, eleitos pelos partidos para um determinado fim e programa a executar, fazem coalizões e reuniões políticas à revelia do povo.

A democracia econômica não se pode organizar sem o prévio planejamento. Este tem de ser realizado para a economia da coletividade não ser desfrutada por meia dúzia de privilegiados. Esse planejamento econômico é que coloca a produção subordinada aos interesses da comunidade e não aos das minorias. Por conseguinte, nós todos devemos nos empenhar em trabalhar para isso, para a organização dessa democracia planificada, a fim de que ela constitua a defesa dos trabalhadores. É nessa democracia que me alisto convosco, para conseguirmos realizar o engrandecimento do Brasil e a prosperidade de todos os brasileiros". (*NPB,* XlI, p. 37-39.) 2-9-1946.

"...O PTB surgiu como uma afirmação contra a máquina eleitoral montada em nome da liberdade política, sacrificando a igualdade social.

O PTB tem um precioso patrimônio a defender e novas conquistas a realizar. O patrimônio e o conjunto de leis sociais que se incorporam na nova Constituição. As novas conquistas são a regulamentação da participação de lucros e da remuneração nos domingos e feriados. E ainda uma revisão imediata nos salários, para reajustá-los ao nível do custo de vida.

"Esse programa social está incorporado aos postulados da religião e representa a primeira etapa das aspirações sociais do povo.

"A evolução política do Brasil se deve processar em ordem, com disciplina e respeito às autoridades. Não precisam nem precisarão recorrer a greves, porque a bancada trabalhista, na Câmara e no Senado, defenderá intransigentemente as fórmulas mais práticas para a solução dos seus problemas.

"Os direitos do PTB não são organismos para proporcionar empregos públicos, e sim para orientar e servir os trabalhadores e defendê-los na luta pela vida.

"Evolução é o nosso programa. E para a evolução o povo precisa de paz e de ordem e o Brasil de tranqüilidade e confiança.

"O PTB é um partido nacional vinculado ao imperativo da solidariedade continental". (*NPB,* XII, p. 44-45.) Porto Alegre, 11-11-1946.

Discurso no comício do PTB, em Porto Alegre: "...Entre os diversos partidos de organização democrática, e dela excluo os extremismos, em que se fragmenta o panorama político brasileiro, há um divisor de águas. De um lado estão os partidos que, com nomes diferentes, significam a mesma coisa. Têm a mesma substância política, social e econômica. Não é de estranhar que venham a se reunir. São os expoentes da democracia burguesa, a velha democracia liberal que afirma a liberdade política e nega a igualdade social.

"Toda essa liberdade política está organizada no sentido da defesa de seus interesses econômicos. Não têm conteúdo nacional. Giram em torno das competições regionais e acompanham o poder.

"De outro lado está o Partido Trabalhista Brasileiro, um verdadeiro partido nacional, integrado na comunidade do continente americano.

"Separa o trabalhismo brasileiro dos outros partidos democráticos a diferença de interpretação do conceito social.

"Impera no Brasil essa democracia capitalista, comodamente instalada na vida, que não sente a desgraça dos que sofrem e não percebem, às vezes, nem mesmo o indispensável para viver. Essa democracia facilita o ambiente propício para a criação dos trustes e monopólios, das negociatas e do câmbio negro, que exploram a miséria do povo. Tira o que foi cedido ao Estado para entregar ao monopólio de empresas particulares.

"Ou a democracia capitalista, compreendendo a gravidade do momento, abre mão de suas vantagens e privilégios, facilitando a evolução para o socialismo, ou a luta se travará com os espoliados, que constituem a grande maioria, numa conturbação de resultados imprevisíveis para o futuro.

"A velha democracia liberal e capitalista está em franco declínio porque tem seu fundamento na desigualdade. A ela pertencem, repito, vários partidos com o rótulo diferente e a mesma substância.

"A outra é a democracia socialista, a democracia dos trabalhadores. A esta eu me filio". (*NPB,* XII, p. 53-58.)

29-11-1946.

Discurso no comício do PTB: "...O caminho da evolução social é o socialismo cristão, e não o materialismo histórico. Na terra da inteligência não é possível acreditar na aridez materialista.

"O Brasil socialista, o Brasil de amanhã, se projetará no concerto das nações, com o concurso do vosso exemplo e da vossa altivez, como um país que compreende a evolução e realiza a sua transformação no quadro superior das idéias, sem ódios, sem paixões, sem rancores, assegurando a todos o direito de viver com dignidade". (*NPB,* XII, p. 160.) Salvador, 13-1-1947.

Discurso no comício do PTB: "...Depois que eu disse ter sido instalada a democracia, os males cresceram e pouco se fez para remediá-los. Só se cuidou de destruir a expressão popular e restabelecer os grupos políticos e financeiros destroçados em 1930.

"A democracia deve associar o regime da liberdade ao da responsabilidade.

"O que vigora no Brasil, porém, é uma democracia capitalista ou, antes, uma plutocracia. A liberdade política é uma burla, porque lhe falta a igualdade social.

"No regime da democracia capitalista, liberdade é faculdade de agir dentro da lei. Mas, se a lei é feita para defender os interesses cuidados sob a base de verdadeiros privilégios, a luta se travará para a defesa destes, através de trustes e monopólios". (*NPB,* XII, p. 165.) São Paulo, 16-1-47.

Discurso na convenção do PTB: "...Eis um aspecto do programa do Partido Trabalhista Brasileiro. Consideramos os valores do capital não preponderantes sobre os valores do trabalho. Eles, sempre que examinados como elementos constitutivos de bens de produção, se apresentam dinâmicos, ao nível de uma energia de operação, e são tanto mais úteis quanto mais multiplicam os valores iniciais das horas de trabalho do homem.

"São estáticos os valores de capital que não multiplicam os valores de trabalho. E são negativos os que não servem nem à produção, nem à vida do homem. Esses valores negativos não podem ser considerados pelo Partido Trabalhista Brasileiro como legítimos. Mesmo porque são contrários, com sua negatividade, ao bem-estar coletivo.

"A doutrina do Partido Trabalhista Brasileiro é resultante da atividade espiritual. O homem produz com inteligência, e inteligência é espírito. Esse partido é nacionalista, mas seu nacionalismo é defensivo e não agressivo. Deverá manter, rigidamente, sua estrutura nacional, porque as organizações políticas devem ser nacionais para poderem ser nacionalistas.

"O Partido Trabalhista Brasileiro é, essencialmente, democrático. E, por ser democrático, compreende a necessidade da existência dos outros partidos, praticamente a norma básica da democracia, que é o respeito à vontade e à opinião alheia". (*NPB,* XII, p. 179-180.) Rio de Janeiro, 10-3-1947.

Vargas não queria ser candidato. Os próceres políticos haviam tentado várias composições, todas eivadas de secretos desígnios e prejudicadas por interesses irredutíveis. Assim, foram abandonadas a "fórmula Jobim", o acordo interpartidário", a "fórmula mineira". Vargas não conseguiu se fazer ouvir, em seu apelo de uma conciliação entre os candidatos.

Foi quando, em seu aniversário, a 19 de abril, os trabalhistas lançaram a sua candidatura, que se tornou um movimento crescente e vitorioso. Apesar da idade, Vargas inicia uma campanha eleitoral, percorrendo todo o País e discursando em seus principais centros:

Discurso em São Paulo: "...Trabalhistas e progressistas, logicamente, só se sentiriam bem sob a mesma bandeira, dada a identidade dos seus propósitos, porque uns e outros propugnam uma democracia que preze a si própria, fundada na justiça social. Democracia que não está, apenas, no papel, para uso exclusivo de alguns partidos que se julgam donos do regime, senão na prática efetiva do bem comum, na conciliação humana entre o capital e o trabalho, no amparo aos que lutam pela vida, na assistência à saúde e ao bem-estar do povo, sob todos os seus aspectos, na socialização dos benefícios que a civilização trouxe ao mundo e principalmente na conservação do nosso estilo de vida, que é o da fraternidade pela máxima cristã do 'amai-vos uns aos outros'.

"Não fossem esses pontos de contato ideológicos, e os acontecimentos atuais bastariam para justificar a aproximação dos dois grandes partidos e de seus chefes.

"Ei-nos, por conseqüência, assim irmanados e assim dispostos, ideologicamente, em torno de uma causa em que pretendemos, antes de tudo, defender as conquistas do povo". (*A campanha presidencial – trabalhistas e progressistas,* p. 56-57.) 10-8-1950.

Discurso em São Paulo: "*Lição de trabalhismo*: Para o estadista, para o político, a vossa lição de trabalhismo – e digo trabalhismo em seu melhor sentido ideológico – tem o valor de uma democracia social, harmoniosa conciliação do individualismo com o socialismo, pela superação de ambos, numa solução original e fecunda, tipicamente brasileira.

"A iniciativa privada tem que ser mantida e até incrementada pelo poder público, para que os novos bandeirantes, com os recursos da técnica, continuem a criar riquezas, num campo de trabalho que se mantenha aberto à sua vocação pioneira. O que cabe é acompanhar o governo o ritmo dos empreendimentos particulares, de modo a não correr o risco de ficar atrás, marcando passo.

"Por outro lado, não há como negar a necessidade de manter e ampliar as conquistas alcançadas, pacificamente, sem o apelo à luta de classes, em favor dos que trabalham e produzem, pois o Brasil comporta, por assim dizer, todas as idades do mundo contemporâneo." (*A campanha presidencial,* p. 67-68.) 10-8-1950.

Discurso em São Paulo: "O que existe, defendida intransigentemente pelos velhos partidos com novos rótulos, é a democracia política, baseada em leis que lhes assegurem o gozo de privilégios para oprimir e explorar o trabalho alheio.

"O trabalhismo brasileiro surgiu, assim, como uma confirmação contra a máquina montada em nome da liberdade política, com sacrifício da igualdade social.

"Mas a democracia formal não sobreviverá à crise, sem a planificação econômica. Não se resolvem os problemas do povo com a demagogia, com a opressão, com a violência. A democracia não ganhará expressão real e nem se consolidará, enquanto não tiver um governo que inspire confiança ao povo, porque só quem desfruta dessa confiança poderá realizar as reformas de base que a situação do nosso país exige para ganhar sólida estrutura econômica". (*A campanha presidencial,* p. 70-71.) 10-08-1950.

Discurso em São Luís: "... Não foi por acaso que a revolução política no Brasil, após a Revolução de 1930, coincidiu com o renascimento da sua vida intelectual e com o surpreendente despertar do impulso criador no sentido da brasilidade na literatura e nas artes. E que essas manifestações esplêndidas da vida popular e a orientação governamental que preside brotaram nas mesmas fontes e se irmanaram nas mesmas aspirações.

"As revoluções não se improvisam: resultam de um longo processo de preparação dos espíritos. A missão social e política do meu governo não foi ideada pelo arbítrio de um nome, nem pelos interesses de um grupo; foi-me imposta, a mim e aos que comigo colaboraram, pelos imperativos da vida nacional e pelos próprios anseios da consciência coletiva. Encontrei, é certo, o apoio do proletariado, não porque pretendesse penetrar na luta de classes, mas porque as minhas idéias se filiavam a um movimento universal de humanização do trabalho e de consagração da igualdade de direitos e de oportunidades para todos na luta pela vida. Consegui, também, colaboração de outras forças, ponderáveis no campo espiritual e social, daquelas que exprimiam o patrimônio secular, da nacionalidade, os valores perenes que transcendem as inovações momentâneas e representam a alma eterna da nação.

Onde não existe essa cooperação, essa harmonia entre o poder público e a cultura, não pode haver progresso real e duradouro. O Estado que se dissocia da vida intelectual e artística do País decreta a própria sentença de morte; mas também a cultura que não acha apoio e estímulo do Estado definha e se estiola, perde o vigor e a expansividade". (*A campanha presidencial,* p. 142-143.) 22-8-1950.

Discurso em Fortaleza: "...Se prestigiei a formação do Partido Trabalhista Brasileiro foi porque vi nas diretrizes do seu programa o mesmo espírito que inspirou os ideais da arrancada de 1930, que com o decorrer do tempo e no contexto com a realidade ganharam o dinamismo das idéias que se transfundem em forças vivas e operantes. Se aceitei os postulados do PTB, foi porque vi incorporados aos seus quadros os trabalhadores brasileiros, que nunca me negaram o seu inestimável apoio e aos quais durante o meu governo foram assegurados em lei as suas justas reivindicações e os seus mais inalienáveis direitos.

"E, quando as forças involuntárias da reação, numa tentativa de fazer ressurgir um passado morto e superado pelos acontecimentos, voltaram a atuar, senti que as esperanças dos trabalhadores, dos pequeninos e dos humildes, se voltaram para mim; senti, também, que os legítimos interesses da produção nacional estavam asfixiados pela política administrativa, alheia às realidades brasileiras e por isso mesmo prejudicial ao bem-estar do povo e à propriedade da nação.

"Não sou propriamente candidato partidário. Sou, antes de tudo, representante dos reclamos e das aspirações das massas populares, mobilizadas em torno de uma legenda, de um nome que para elas constitui o rumo, a direção, o programa". *(A campanha presidencial,* p. 171-172.) 23-8-1950.

Discurso em Vitória da Conquista: "...Ora, a nossa legislação social, além de eliminar os atritos e perigos da luta de classes, veio assegurar aos trabalhadores melhores condições de vida com salário mínimo, a redução de horas de trabalho, as férias anuais remuneradas, o aumento da remuneração, a estabilidade no emprego, a assistência médica e jurídica, a organização sindical, as pensões e aposentadorias. Proporcionou-lhes meios de participarem ativamente da vida nacional, não como párias de outrora, sujeitos ao preço dos privilegiados da fortuna, mas como cidadãos livres e conscientes dos seus direitos e encargos. Deu-lhes maior poder aquisitivo, para que passassem a desfrutar dos benefícios da civilização que, até bem pouco tempo, lhes eram inacessíveis.

"Só os que sonham com elevados lucros, obtidos através de formas de exploração das massas trabalhadoras, teimam em não querer ver nesta pacífica evolução social, espelhada em nosso país pela legislação trabalhista, o verdadeiro caminho para que o maior número atinja o nível de bem-estar compatível com a dignidade humana e seja, ao mesmo tempo, um fator positivo na vida econômica. É preciso convencer, através do fator, os homens de negócios, os empresários de toda natureza nos diversos ramos da população, de que a elevação do nível aquisitivo das massas é o meio seguro do desenvolvimento e progresso dos seus empreendimentos". *(A campanha presidencial,* p. 280-281.) 31-8-1950.

Discurso em Niterói: "...a existência de tão grandes riscos e a extensa identidade de interesses devem levar os países militarizados a uma sólida e indestrutível reunião. Só com a formação de um núcleo de nações, poderoso e coeso, estaremos seguros de que nossos direitos receberão sempre o respeito que merecem. O momento de lançar as bases dessa força de equilíbrio é o atual. Não é necessário que instrumentos diplomáticos consagrem a união que se requer entre os países do mundo, mas é indispensável que cada país de nosso hemisfério tenha consciência de que uma ação política ou militar injusta, contra um Estado situado embora em outro continente, o atinge diretamente. Os organismos internacionais aí estão para servir de vínculo a esta política. Por meio deles, faremos ouvir nossa voz e pesaremos nas decisões com a força do número, o prestígio e os direitos que os sistemas democráticos concedem às maiorias". (*A campanha presidencial,* p. 299-300.) 3-9-1950.

Discurso em Belo Horizonte: "...A democracia é o governo do povo, pelo povo e para o povo. Não basta proclamar a democracia; é preciso realizá-la de olhos fitos no bem-estar do povo. Não bastam que sejam democráticas as instituições: é preciso que do seu mecanismo saia alguma coisa útil à fertilidade e à riqueza de cada um.

"Ao Estado incumbe, precipuamente, tornar o homem feliz, pelo menos na medida em que o possam fazer as instituições humanas. Dentro da coletividade, todos contribuem para a sua riqueza; empregados e patrões, classes trabalhadoras e classes produtoras se constituem, uns e outros, de elementos humanos que têm direito a expandir-se, a realizar as suas aspirações justas e eqüitativas, a ter iniciativas e empreendimentos que favoreçam o bem comum, a fazer progressos e conquistas que os beneficiem, desde que não redundem em prejuízo dos demais. Nunca me afastei desses postulados, que hão de ser no futuro, como o foram no passado, a diretriz fundamental dos meus pensamentos e atividades de homem público". (*A campanha presidencial*, p. 350-351.) 9-9-1950.

Discurso em Rio Grande: "...As reivindicações do trabalhismo se baseiam na dignificação do esforço humano como instrumento da expansão econômica e da segurança social. Caracterizam-se, por isso, como um movimento de coordenação social, em que há lugar para quantos labutam honestamente e compreendem que só existe paz no trabalho quando se asseguram a todos os mesmos direitos na conquista de uma existência digna. Todo aquele que trabalha e produz, seja empresário ou simples operário, está contribuindo para elevar o padrão de vida da comunidade e ampliando as possibilidades do bem-estar geral.

"A política trabalhista é contrária à luta de classes, porque na sociedade não há classes e sim homens com os mesmos deveres e as mesmas necessidades. Propugna pela solução dos chamados autocomunismos econômicos, submetendo-se aos ditames da justiça social com um sentido verdadeiramente cristão". (*A Campanha Presidencial,* p. 595-596,) 26-9-1950.

Discurso pronunciado na "Hora da Independência" em 7-9-51: Emancipação econômica: "...A independência econômica não se adquire necessariamente com a independência política, é tarefa lenta e difícil, que se arrasta por muitos decênios e que às vezes se retarda por séculos e cujo êxito final depende de inúmeros fatores, alguns imprevisíveis, outros condicionados aos fenômenos gerais da organização mundial.

"A independência política é um ato de força, que se prepara como renovação e que se concretiza num instante decisivo, criando uma nova ordem jurídica e traçando sobre o mapa continental os limites de uma nova soberania. Uma vez conquistada, ela se impõe como fato e como direito e os seus efeitos perduram, desde que o povo, que se fez independente, saiba conservar como nós temos sabido o bem que adquire". (*O governo trabalhista do Brasil,* II, p. 17-18.)

Discurso durante as comemorações do IV Centenário de Vitória, em 8-9-1951, sobre valorização do trabalho: "...Não foi olvidado, porém, aspecto fundamental dessa magna tarefa em que estamos empenhados, que é o da valorização do trabalho. Sabeis como me preocupa a elevação do padrão de vida do trabalhador brasileiro, o que só se torna exeqüível mediante uma solução harmônica e corajosa dos nossos problemas econômicos. Mas, concomitantemente, podem e devem ser tomadas de início medidas que assegurem a todo trabalhador brasileiro a percepção do mínimo necessário às suas necessidades e às de sua família, além de integral assistência médico-hospitalar-educacional e social. (O *governo trabalhista do Brasil,* II, p. 31.)

Discurso no 150° aniversário de Resende: "...Somos, por temperamento e formação, de pronunciada tendência pacifista. Nossa Constituição consagra esse sentimento, repetindo preceitos constantes das cartas anteriores, que obriga o recurso do arbitramento para litígios com outros Estados e proscreve a guerra da conquista.

"Se raras vezes tem sido o nosso Exército chamado a garantir pelas armas a integridade do solo pátrio, representa ele, contudo, o elemento de vanguarda em todos os acontecimentos políticos de nossa história. Desde os movimentos populares de extremado nacionalismo que motivaram a abdicação de Pedro I, à Proclamação da República e à Revolução de 1930, encontrarás sempre a participação nobre e desinteressada das Forças Armadas conduzindo com seu desassombrado amor cívico os sentimentos gerais da Nação". (*O governo trabalhista do Brasil,* II, p. 37-38.) 29-9-1951.

Mensagem de Natal em 24-12-1951: "...Acabo de assinar diante de vós a nova lei de salário mínimo. Fora ela instituída no meu governo anterior, para obter o reajustamento dos salários ao aumento constante do custo de vida e deveria ter sido revista e atualizada de três em três anos. Dois triênios se passaram, todavia, em 1946 e 1949, sem que essa revisão fosse efetivada, ou sequer tentada, para acompanhar a alta dos preços dos gêneros de primeira necessidade.

"Foi um lamentável esquecimento; e desde que reassumi o governo, determinei que se iniciassem os estudos de novos padrões de salário, que, afinal, se concretizam no dia de hoje, nesta em que acabo de assinar e que não é apenas uma inspiração de justiça, mas tem o significado de um ato de reparação". (*O governo trabalhista do Brasil,* II, p. 57-58.)

Salário-família: "...Quero anunciar-vos desde já que o decreto de hoje deverá ser em breve completado por uma nova lei de salário-família, que, como a do salário mínimo, deverá elevar os padrões atuais de vencimentos de todos os que sustentam filhos e dependentes. Com este objetivo, a Presidência da República está elaborando mensagem que, dentro de poucos dias, será enviada ao Congresso Nacional, solicitando a regulamentação do dispositivo constitucional que criou o salário-família". (*O governo trabalhista do Brasil,* II, p. 59.)

Compromissos com os trabalhadores: "...O ajustamento dos salários, conquista do meu governo anterior, foi também um compromisso que assumi convosco durante a campanha eleitoral. Nem por um instante, durante os primeiros onze meses da minha atual administração, olvidei esse compromisso. Hoje tendes o primeiro fruto das providências que determinei. Outros virão oportunamente, pois tenho sempre os olhos fitos em vós e nunca deveis esquecer que o que se conquista aos poucos é mais seguro e duradouro". (*O governo trabalhista do Brasil;* II, p. 60.) 24-12-1951.

Desenvolvimento econômico, Mensagem ao Congresso Nacional, na abertura da sessão legislativa de 1952: "...A criação do Conselho Nacional de Pesquisas, que iniciou suas atividades em abril de 1951, representa um importante marco no desenvolvimento cultural, científico e econômico do País. O Estado não podia continuar ausente desse domínio, renunciando a orientar e estimular a pesquisa científica. Além disso, era necessário incentivar as questões relativas à energia atômica.

Com o aumento das dotações e experiência que for colhendo, o Conselho Nacional de Pesquisa deverá assumir, cada vez mais, uma singular posição na promoção no País da investigação científica em todos os ramos do conhecimento, especialmente no da energia atômica". (*O governo trabalhista do Brasil,* II, p. 291-292.)

Discurso na abertura da V Conferência dos Estados da América: "...Em uma palavra, procuramos cercar os trabalhadores de todas as garantias possíveis, contra a instabilidade, a miséria, o desemprego, a invalidez, a ignorância, as enfermidades a vencer, para operar essa transição numa democracia social em que começou a encontrar expressão a consciência de classe, a se desenhar a ação das forças coletivas tendendo a uma nova forma de estruturação econômica. Longe e às vezes penoso foi o caminho percorrido, mas hoje em dia podemos apontar com orgulho a extensão dos programas no sentido da proteção e segurança do proletário urbano. Neste momento, está procurando o meu governo estender essas mesmas garantias aos trabalhadores rurais". (*O governo trabalhista do Brasil,* II, p. 445-446.) 17-4-1952.

Discurso durante as comemorações do Dia do Trabalho em 1-5-1952.

Participação dos trabalhadores no governo: "...Refiro-me ao modo como podem e como devem os trabalhadores preparar-se para uma participação mais ativa no governo, em correspondência com o grande papel que desempenham na evolução econômica e social do nosso tempo. Porque vós, trabalhadores, aqui no Brasil como em todas as democracias, constituem a mesma e insuperável maioria dentro do povo. Nenhum governo poderá realizar uma verdadeira e sã política social se não governar convosco, se não tiver o apoio do proletariado, (...) pois não se pode administrar, nos dias de hoje, sem a cooperação das classes organizadas". (*O governo trabalhista do Brasil,* II, p. 453.)

Discurso pronunciado por ocasião de manifestação prestada pelos trabalhadores: "O dia de hoje recorda duas grandes vitórias dos trabalhadores: a primeira, marcando o início da grande revolução social que, a partir de 1930, conduziu à conquista das garantias da legislação trabalhista; a segunda, quando os trabalhadores, por ocasião do último pleito presidencial, manifestaram de modo inequívoco a sua vontade de prosseguir sem desfalecimento, por métodos pacíficos e ordeiros, com o voto secreto e a justiça eleitoral, que ao Movimento de 1930 também se devem – aquela mesma revolução que juntos havíamos iniciado vinte anos antes. O vosso pronunciamento nas urnas, a 3 de outubro de 1950, sancionou e justificou para todo o sempre, perante a História, o impulso que em 1930 levantou em armas a nação brasileira pela conquista dos direitos que hoje amparam a todos os trabalhadores e se incorporaram definitivamente ao patrimônio jurídico da nação. Quisestes assim exprimir a vossa determinação de prosseguir no caminho assinalado pela Revolução de 1930, e a cujos mesmos foi invariavelmente fiel o meu governo. Nossa missão só estará cumprida quando a pátria brasileira respirar enfim o clima da justiça e da harmonia social, quando a fartura e o bem-estar não forem mais o privilégio de poucos, e sim o direito e a herança natural de todos. Até esse dia, continuará desfraldada a bandeira da Revolução, que por duas vezes conduzimos à vitória, e à sombra da qual vimos combatendo há mais de vinte anos pela redenção social do Brasil". *(O governo trabalhista do Brasil,* III, p. 224-225.) 3-10-1952.

Discurso na Sessão Inaugural do VII Congresso dos Trabalhadores Mineiros, em São João Del-Rey – o trabalhismo no governo: "O vosso temário é testemunho de que a contribuição dos trabalhadores para o governo dos negócios públicos já não é uma especulação teórica ou um artifício demagógico. Constitui antes uma realidade, tanto mais positiva quanto se aprimoram dia-a-dia os quadros partidários, aumenta a experiência dos líderes e evolui a consciência política do operariado.

"Esse foi o caminho que nos levou ao estágio de pensamento político em que as reivindicações imediatistas cederam lugar à convicção segura de que, no campo da economia do Estado moderno, não há mais lugar para programas estanques de ação unilateral de grupos. De tal modo ali se entrelaçam e interdependem os problemas, que as únicas soluções possíveis terão necessariamente caráter global e jamais poderão beneficiar a alguns em detrimento de outros" . (*O governo trabalhista do Brasil,* III, p. 234-235.) 8-12-1952.

Discurso no banquete oferecido pelas Forças Armadas, em 3-11953.

Ideal democrático: "Lembremos, porém, de que nas democracias há lugar para todos os ideais e clima para todas as opiniões. Nelas só existe um caminho para decidir os negócios públicos: o pronunciamento pacífico dos cidadãos através do voto. Quem quiser impor suas idéias pela força estará traindo as instituições que jurou defender. Será o inimigo interno, que todos havemos de combater e repelir.

"Com essa firme consciência democrática, inspirada no amor ao povo e no sentimento da nacionalidade, devemos estar vigilantes contra os que se tornam instrumentos de ódios de classe, visando a interromper o ritmo de trabalho e de construção em que estamos empenhados.

"Esforçar-nos-emos por manter a tranqüilidade interna e, particularmente, a paz social. Devemos unir esforços e vontade para a concretização de um programa de soerguimento econômico que permita elevar o nível de vida de nossa população e remover as causas de inquietações.

"O Brasil foi sempre adverso à idéia de conquista armada, e sua organização militar obedece a propósitos defensivos. Mas a preparação para a defesa comum é um imperativo da própria sobrevivência do hemisfério.

"Nunca se afastou o meu governo de uma política firme e constante de união pan-americana, na convicção de que a posição continental do Brasil não se pode dissociar da segurança e prosperidade dos povos vizinhos". *(O governo trabalhista do Brasil,* III, p. 254.) 3-1-1953.

Mensagem ao Congresso Nacional: "...No que diz respeito à organização partidária persistem ainda, no cenário nacional, os sintomas de desajustamento entre as corporações políticas e os anseios populares. De modo geral, os quadros políticos não se manifestam suficientemente sensíveis às necessidades da estrutura econômica do País e às novas tendências populares – já bastante nítidas ao observador atento, por ocasião das eleições de 1950 –, nem se mostram capazes de interpretá-las seguramente ou de dar-lhes expressão, no complexo de fatores que atuam na economia e no Estado moderno.

"A conseqüência deste alheamento dos partidos, com respeito aos eleitores, é dupla: tolda-se o espírito cívico, esmorece o interesse popular pelos negócios públicos, forma-se um conceito pejorativo ou cético da função política; e, no seio do eleitorado mais inquieto, ganha terreno o trabalho dos que empreitaram a causa extremista.

"Na verdade, existe no País um perigo extremista: e ele é tanto maior quanto mais distante dos anseios populares estiver a atuação das corporações políticas em funcionamento. Não combateremos eficazmente o extremismo pela mera ação policial ou por meio de discriminações cívicas, mas vencendo os agitadores na capacidade de atrair e motivar politicamente as massas, formando autoridade sobre elas, formulando e resolvendo os seus problemas.

"A perplexidade política reinante entre nós exprime quão dificilmente as nossas elites se estão ajustando às graves responsabilidades que lhes impõe o período de transição que atravessamos.

"A conjuntura interna do País está a exigir substanciais mudanças, de caráter econômico e político.

"A composição de um assentimento da opinião nacional, em bases democráticas, é precisamente o problema político dos nossos dias, e sua resolução implica o compromisso das forças representativas do País com os objetivos de superação do subdesenvolvimento nacional.

"O governo não sugere que cesse a oposição, cujo papel criador reconhece e estima. Reclama, porém, uma necessária renovação dos processos de atuação partidária, em face da significação especial dos fatos contemporâneos. Espera que os partidos combatam a prática de colocar o exercício da representação política a serviço da distribuição de favores aos clãs eleitorais. Em resumo, preconiza a substituição da política de patronagem por uma política de princípios orientada segundo as necessidades objetivas das classes sociais". *(O governo trabalhista do Brasil,* III, p. 278-280.) 15-3-1953.

Discurso de saudação ao presidente do Peru: "...É bem verdade que não logramos atingir ainda o grau de evolução dos povos que se fixaram em climas mais propícios ao trabalho e em terras mais aquinhoadas pela natureza. Persistem ainda em muitos de nossos países condições precárias de vida para as populações locais.

"Esse desenvolvimento ainda incompleto de nossas economias é a causa eficiente da inquietação social e política que subsiste ainda em algumas das repúblicas americanas. A instabilidade das instituições políticas decresce com a nossa evolução econômica. Quando a fase do subdesenvolvimento de nossos recursos materiais estiver superada, teremos atingido o equilíbrio da maturidade política". (*O governo trabalhista do Brasil,* IV, p. 40.) 25-8-1953.

Discurso na solenidade da "Hora da Independência:

"...Empenhado nessa tarefa, que exige perseverança, desprendimento e coesão das forças nacionais, o governo não faz uma política de classes, mesmo quando procura atenuar as injustiças e as desigualdades sociais. Também não faz uma política de partidos ou de religião, porque vê o Brasil como uma unidade, uma soma dos esforços de todos". (*O governo trabalhista do Brasil,* IV, p. 68.) 7-9-1953.

"...A fonte legítima do poder é a vontade do povo, expressa nas urnas. Não se iludam os aventureiros da política ou os profissionais da desordem: já passou a época em que o veredito popular era fraudado pelo recurso solerte das atas falsas, ou violentado pelos golpes de força". (O *governo trabalhista do Brasil,* IV, p. 69.) 7-9-1953.

Discurso de saudação ao presidente da Nicarágua no Rio de Janeiro: "...É o pan-americanismo uma semente fecunda da paz, de harmonia, de progresso, de prestígio intelectual, porque resulta de um livre consentimento, de um espírito associativo que não impõe restrições à personalidade das nações, mas as reúne em torno de um ideal comum, em uma família dentro da qual, mercê de Deus, reina indefectível amor aos postulados morais e jurídicos, que inspiram, mais do que a simples coexistência, o convívio paternal entre os povos deste continente". (*O governo trabalhista do Brasil,* IV, p. 82.) 24-9-1953.

Discurso no Palácio do Catete em solenidade comemorativa do terceiro aniversário do pleito eleitoral que o reconduz à Presidência da República em 3-10-1953: "...O Congresso acaba de consubstanciar em lei o plano governamental para a exploração do nosso petróleo. A Petrobras assegura não só o desenvolvimento da indústria petrolífera nacional, como contribuirá decisivamente para limitar a evasão de nossas divisas. Constituída com capital, técnica e trabalho exclusivamente brasileiros, a Petrobrás resulta de uma firme política nacionalista no terreno econômico, já consagrada por outros arrojados empreendimentos em cuja viabilidade sempre confiei. Quando se construía Volta Redonda, muitos descreram de suas possibilidades, mas hoje a grande siderurgia se ergue como um testemunho irrefragável da capacidade criadora nacional. Quando foram lançadas as bases da usina de Paulo Afonso, houve igualmente quem vaticinasse o insucesso da obra grandiosa, que em breve será o esteio de toda a economia nordestina. Conquistas como essas revigoram a confiança no poder realizador do nosso povo e nos dão a certeza, contra a opinião dos negativistas, de que levaremos a bom termo a exploração do petróleo brasileiro. É, portanto, com satisfação e orgulho que hoje sancionei o texto da lei aprovada pelo poder legislativo e que constitui novo marco da nossa independência". (*O governo trabalhista do Brasil,* IV, p. 87-88.) 3-10-1953.

Discurso no Palácio Rio Negro, revisão dos salários mínimos:

"Rememorando os sucessos e realizações desses últimos doze meses, posso proclamar com orgulho que o governo soube honrar a linha política que tem mostrado toda a minha vida de homem público: engrandecer a pátria e fortalecê-la economicamente, através do estímulo e do amparo ao trabalho. Foi levado avante, sem sombra de desfalecimento, o meu desígnio supremo que visa à valorização do trabalhador brasileiro e à plena concretização da justiça social.

"Para chegarmos ao feliz resultado que hoje se concretiza, muito contribuiu a ação dos sindicatos de trabalhadores de todo o País, ao reivindicar, usando dos seus direitos, uma remuneração mínima indispensável para satisfazer as suas necessidades de alimentação, habitação, vestuário, higiene e transporte". (*O governo trabalhista do Brasil,* IV, p. 468-469.) 1-5-1954.

À união e à organização dos trabalhadores: "Para isso não cabe nenhuma hesitação na escolha do caminho que se abre à vossa frente. Não tendes armas, nem tesouros, nem contais com as influências ocultas que movem os grandes interesses. Para vencer os obstáculos e reduzir as resistências, é preciso unir-vos e organizar-vos. União e organização devem ser o vosso lema.

"Há um direito de que ninguém vos pode privar, o direito do voto. E pelo voto podeis não só defender os vossos interesses, como influir nos próprios destinos da Nação. Como cidadãos, a vossa vontade pesará nas urnas. Como classe, podeis imprimir ao vosso sufrágio a força decisória dos números. Constituís a maioria. Hoje estais com o governo. Amanhã sereis o governo". (*O governo trabalhista do Brasil,* IV, p. 473.) 1-5-1954.

Discurso ao Exército Nacional – as Forças Armadas e a defesa da Constituição: "...Sobre meus ombros pesa a grande responsabilidade de responder pela ordem e pelo bom encaminhamento dos negócios públicos, no período de natural exaltação prenunciado pelas novas campanhas eleitorais. Julgo oportuno declarar diante de vós, na qualidade de Comandante Supremo das Forças Armadas, que a Constituição será mantida em toda sua plenitude e em toda sua integridade.

"Para a defesa da Constituição e o cumprimento do meu dever, conto com a tradição de honra das Forças Armadas, quando é notícia a existência do propósito deliberado de criar um clima de agitação e perturbação". *(O governo trabalhista do Brasil,* IV, p. 492-493.) 19-6-1954.

Anexos

Carta de Getúlio Vargas a Salgado Filho

Eminente amigo
Senador Salgado Filho

Constitui para mim grata satisfação pessoal e cívica receber a visita dos delegados incumbidos de transmitir-me a deliberação unânime do Diretório Nacional do Partido Trabalhista Brasileiro, tomada em reunião extraordinária de 6 do corrente, para indicar meu nome à Convenção como candidato à Presidência da República no pleito de 3 de outubro vindouro.

Esse pronunciamento prévio, como era natural, desvaneceu-me profundamente, embora, por haver já ocupado os mais altos postos na carreira pública, sempre tenha e continue a ter o mais vivo desejo de cooperar para o bem geral fora de posições oficiais, como tão reiteradas vezes venho fazendo sentir a todos quantos me honram com a sua visita nesta morada distante dos centros de agitação política. Estão, entretanto, sempre presentes ao meu espírito os insistentes apelos cotidianamente recebidos de todos os pontos do país, para concorrer à próxima eleição presidencial. Fui dos primeiros a apoiar a democrática sugestão do governador Walter Jobim para que se tentasse o encontro de um candidato comum, capaz de realizar não só os desígnios dos diversos partidos nacionais, como um conjunto de soluções para os prementes problemas da vida política, econômica e administrativa de nosso país. Apressei-me mesmo a dar àquela sugestão todo o meu apoio pessoal e encarecer junto dos nossos correligionários a conveniência de nos encaminharmos a favor da generosa tentativa do ilustre governador gaúcho. Não foi, assim, por obra ou imposição nossa que não se chegou a um entendimento geral. Bem sei que, nesta altura, a União Democrática Nacional já sufragou, pelo voto unânime de seus convencionais, o nome do eminente brasileiro brigadeiro Eduardo Gomes, assim como o Partido Social Democrático está às vésperas de aprovar a escolha do preclaro compatriota Dr. Cristiano Machado.

Sem me querer furtar à imposição proveniente da direção do Partido Trabalhista Brasileiro, desejaria que, antes de qualquer resolução definitiva de V. Exª., tomasse a seu cargo a patriótica tarefa de consultar as direções supremas do PSD e da UDN sobre a possibilidade de um reexame da situação.

Não obstante já estarem lançadas duas candidaturas de dois nomes ilustres, dignos em todos os sentidos; não obstante se apresentar agora, como injunção partidária, o meu nome para concorrer nesse pleito, mais uma vez me dirijo a todos. E desta vez o faço solenemente, perante a Nação, num apelo no sentido de pormos de lado compromissos, injunções partidárias, veemências e anseios de luta, para alcançarmos, em comum acordo entre os expoentes do sentimento nacional, uma solução digna de nós e digna de nosso povo.

Com este gesto desejo contribuir para a paz entre os brasileiros e para que todas as forças vivas do Brasil depositem sua confiança nas soluções democráticas.

Se, entretanto, as circunstâncias não permitirem uma solução favorável, por parte das nobres direções da União Democrática Nacional e do Partido Social Democrático, fica V. Exª. autorizado a transmitir a todos os nossos companheiros de luta e aos trabalhadores em geral minha firme decisão de submeter-me ao desejo deles, aceitando a candidatura que já também me oferecera o eminente governador de São Paulo, Dr. Ademar de Barros, por ele e pelo Partido Social Progressista, na forma do entendimento escrito e firmado por nós ambos para marcharmos de comum acordo na próxima sucessão presidencial.

Caso as urnas confirmem a indicação de meu nome, prometo consagrar todos os meus pensamentos e energias ao serviço da administração do nosso país, dentro dos preceitos do regime vigente e fiel aos ideais de unidade nacional, paz social e estímulo e amparo a todas as forças da produção e do trabalho.

Julgando ter assim correspondido à confiança em mim depositada pela alta direção do Partido Trabalhista Brasileiro, tenho a honra de subscrever-me,

(a) Getúlio Vargas.

Carta-testamento

"Mais uma vez, as forças e os interesses contra o povo coordenaram-se novamente e se desencadeiam sobre mim.

"Não me acusam, insultam; não me combatem, caluniam e não me dão o direito de defesa. Precisam sufocar a minha voz e impedir a minha ação, para que eu não continue a defender, como sempre defendi, o povo e principalmente os humildes. Sigo o destino que me é imposto. Depois de decênios de domínio e espoliação dos grupos econômicos e financeiros internacionais, fiz-me chefe de uma revolução e venci. Iniciei o trabalho de libertação e instaurei o regime de liberdade social. Tive de renunciar. Voltei ao governo nos braços do povo. A campanha subterrânea dos grupos internacionais aliou-se à dos grupos nacionais revoltados contra o regime de garantia do trabalho. A lei de lucros extraordinários foi detida no Congresso. Contra a justiça da revisão do salário mínimo se desencadearam os ódios. Quis criar a liberdade nacional na potencialização das nossas riquezas através da Petrobras, e, mal começa esta a funcionar, a onda de agitação se avoluma. A Eletrobrás foi obstaculizada até o desespero. Não querem que o trabalhador seja livre. Não querem que o povo seja independente.

"Assumi o governo dentro da espiral inflacionária que destruía os valores de trabalho. Os lucros das empresas estrangeiras alcançavam até 500% ao ano. Nas declarações de valores do que importávamos existiam fraudes constatadas de mais de 100 milhões de dólares por ano. Veio a crise do café, valorizou-se o nosso principal produto. Tentamos defender seu preço e a resposta foi uma violenta pressão sobre a nossa economia, a ponto de sermos obrigados a ceder.

"Tenho lutado mês a mês, dia a dia, hora a hora, resistindo a uma pressão constante, incessante, tudo suportando em silêncio, tudo esquecendo, renunciando a mim mesmo, para defender o povo que agora se queda desamparado. Nada mais vos posso dar a não ser o meu sangue. Se as aves de rapina querem o sangue de alguém, querem continuar sugando o povo brasileiro, eu ofereço em holocausto a minha vida. Escolho este meio de estar sempre convosco. Quando vos humilharem, sentireis minha alma sofrendo ao vosso lado. Quando a fome bater à vossa porta, sentireis em vosso peito a energia para a luta por vós e vossos filhos. Quando vos vilipendiarem, sentireis no meu pensamento a força para a reação. Meu sacrifício vos manterá unidos e meu nome será a vossa bandeira de luta. Cada gota do meu sangue será uma chama imortal na vossa consciência e manterá a vibração sagrada para a resistência. Ao ódio respondo com o perdão. E aos que pensam que me derrotaram respondo com a minha vitória. Era escravo do povo e hoje me liberto para a vida eterna. Mas esse povo de quem fui escravo não mais será escravo de ninguém. Meu sacrifício ficará para sempre em sua alma e meu sangue terá o preço do seu resgate.

"Lutei contra a espoliação do Brasil. Lutei contra a espoliação do povo. Tenho lutado de peito aberto. O ódio, as infâmias, a calúnia não abateram meu ânimo. Eu vos dei a minha vida. Agora ofereço a minha morte. Nada receio. Serenamente dou o primeiro passo no caminho da eternidade e saio da vida para entrar na História."

As duas versões do texto

"Seis dias antes do 24 de agosto de 1954, o major Fitipaldi, ajudante-de-ordens de Vargas, encontrou sobre a mesa de trabalho do gabinete presidencial, no Palácio do Catete, um pequeno bilhete, escrito de próprio punho pelo presidente: 'À sanha dos meus inimigos deixo o legado da minha morte'. Naquele dia, ampliando as tensões de uma crise político-militar, Lutero Vargas havia sido chamado a depor no inquérito do Galeão, e o ajudante-de-ordens, naturalmente preocupado, procurou D. Alzira e confiou-lhe o achado.

"Conta D. Alzira que procurou o presidente e mostrou-lhe o bilhete. Getúlio rasgou-o e disse-lhe apenas: 'Não é nada disso que tu estás pensando'.

"Este bilhete só viria a ser encontrado dias após a morte de Vargas, mas, no dia do suicídio, o major Fitipaldi, tendo-o memorizado, transmitiu-o à imprensa, como sendo o 'bilhete de suicídio' que teria sido encontrado na cômoda do quarto presidencial.

"O bilhete era, na realidade, um rascunho da carta-testamento que o presidente Vargas redigiu, a lápis, em cinco folhas de um bloco oficial com o timbre da Presidência da República.

"Foi esse texto, de nítido caráter pessoal, que serviu de base à outra versão da Carta-testamento, esta nitidamente política, redigida pelo professor Maciel Filho e que terminaria por transformar-se, daí por diante, na plataforma do Partido Trabalhista Brasileiro.

"Foram certamente as diferenças fundamentais e essenciais existentes entre os dois documentos que levaram a família Vargas a postergar por tanto tempo a divulgação do original, escrito e assinado de próprio punho pelo presidente. Enquanto este é um documento em que deixa nítida a intenção de suicídio de Vargas, inclusive depois de examinada e recusada a possibilidade de renúncia, a sua versão política é, obviamente, um manifesto de resistência e uma bandeira de luta.

"Não há qualquer dúvida de que o presidente tenha assinado também o texto da Carta-testamento elaborado pelo professor Maciel Filho. Uma das cópias foi assinada pouco antes da última reunião de seu Ministério, na presença do então ministro Tancredo Neves e do governador Amaral Peixoto, que desconheciam seu conteúdo. Resta saber se o presidente o fez com plena convicção da possibilidade de uma resistência ou se apenas para atender aos setores de seu governo que acreditavam que ela era possível.

"A julgar pela sua versão pessoal, em que é evidente o desencanto e a desesperança, a segunda hipótese é mais viável. O presidente, aos 73 anos, confessa-se velho e cansado, acuado não só pela sanha de seus inimigos, mas atingido também pela fraqueza dos amigos, a felonia dos hipócritas e traidores e a insensibilidade moral dos sicários, integrantes de sua guarda pessoal. Talvez isto, mais do que a pressão dos adversários, o tenha levado à morte e feito com que abandonasse o agnosticismo, que o acompanhara durante toda a vida, voltando-se para Deus."

CARTA, "O LEGADO DA MORTE"

"Deixo à sanha dos meus inimigos o legado da minha morte.

"Levo o pesar de não haver podido fazer, por este bom e generoso povo brasileiro, e principalmente pelos mais necessitados, todo o bem que pretendia.

"A mentira, a calúnia, as mais torpes invencionices foram geradas pela malignidade de rancorosos e gratuitos inimigos, numa publicidade dirigida, sistemática e escandalosa.

"Acrescente-se a fraqueza de amigos que não me defenderam nas posições que ocupavam à felonia de hipócritas e traidores a quem beneficiei com honras de mercês e à insensibilidade moral de sicários que entreguei à Justiça, contribuindo todos para criar um falso ambiente na opinião pública do País, contra a minha pessoa.

"Se a simples renúncia ao posto a que fui levado pelo sufrágio do povo me permitisse viver esquecido e tranqüilo no chão da pátria, de bom grado renunciaria. Mas tal renúncia daria apenas ensejo para com mais fúria perseguirem-me e humilharem-me. Querem destruir-me a qualquer preço. Tornei-me perigoso aos poderosos do dia e às castas privilegiadas. Velho e cansado, preferi ir prestar contas ao Senhor, não de crimes que não cometi, mas de poderosos interesses que contrariei, ora porque se opunham aos próprios interesses nacionais, ora porque exploravam, impiedosamente, aos pobres e aos humildes. Só Deus sabe das minhas amarguras e sofrimentos. Que o sangue dum inocente sirva para aplacar a ira dos fariseus.

"Agradeço aos que de perto ou de longe trouxeram-me o conforto de sua amizade.

"A resposta do povo virá mais tarde..." *

(a) Getúlio Vargas

O Estado de S. Paulo, Documento. Entrevista de Alzira Vargas do Amaral Peixoto a Villas-Boas Corrêa, Antônio Carbone e Lourenço Dantas Mota, p. 6, em 16-7-1978.

O autor

Hélio Ribeiro da Silva nasceu a 10 de abril de 1904, no subúrbio carioca do Riachuelo (Estrada de Ferro Central do Brasil). Estudou em escolas públicas do Rio, onde desde cedo começou a escrever.

Trabalhou em muitos jornais e revistas, entre os quais *O Brasil, O imparcial, A tribuna, A rua, O país;* as revistas *ABC* e *Phoenix,* no Rio de Janeiro; *Correio paulistano, Jornal do comércio* e *O combate,* em São Paulo.

Com o movimento de 1930 muitos jornais foram fechados. Diretor de *O País* Em São Paulo, colunista político influente e combativo, Hélio foi obrigado a afastar-se do jornalismo. Neste período, sobrevivia como vendedor de seguros de vida. Logo recebeu um convite para ser o chefe da sucursal no Rio da recém-fundada *Folha da noite,* de São Paulo. Colaborou durante muitos anos no *Jornal do Brasil.* Em 1949, a convite de Carlos Lacerda, assumiu o cargo de redator-chefe da *Tribuna da imprensa,* durante a campanha presidencial. Foi presidente do Conselho Administrativo da ABI. Colaborou ainda em vários jornais, revistas, rádios e televisão. Sua participação na política encerrou-se quando fundou, juntamente com Alceu Amoroso Lima e Paulo Sá, o Partido Democrata Cristão, no Rio de Janeiro.

Paralelamente ao jornalismo e ao ativismo político, formou-se em medicina pela Faculdade de Medicina, da Praia Vermelha, RJ. Foi médico e professor durante cinqüenta anos. Recebeu o título de cirurgião emérito, pelo Colégio Brasileiro de Cirurgiões; *fellow* pelo Colégio Internacional de Cirurgiões; foi titular da Ordem Nacional do Mérito Médico; pertenceu a academias e sociedades científicas nacionais e estrangeiras. Foi titular do Conselho de Ciências do Estado do Rio de Janeiro, e autor de mais de sessenta trabalhos científicos.

Tendo iniciado a publicação de suas pesquisas de História Contemporânea em 1959, na *Tribuna da imprensa,* a convite de Carlos Lacerda e Odylo Costa Filho começou a escreveu a monumental obra *Ciclo de Vargas,* em 16 volumes, editados pela Civilização Brasileira do Rio de Janeiro. São os seguintes os livros que compõem o *Ciclo de Vargas*: *1889 – A República não esperou o amanhecer*; *1922 – Sangue na areia de Copacabana*; *1926 – A grande marcha*; *1930 – A revolução traída*; *1931 – Os tenentes no poder*; *1932 – Guerra paulista*; *1933 – A crise no tenentismo*; *1934 – A constituinte*; *1935 – A revolta vermelha*; *1937 – Todos os golpes se parecem*; *1938 – Terrorismo em campo verde*; *1939 – Vésperas de guerra*; *1942 – Guerra no continente*; *1944 – O Brasil na guerra*; *1945 – Por que depuseram Vargas*; *1954 – Um tiro no coração.* Ainda pela Civilização Brasileira publicou: *1964 – Golpe ou contragolpe?* Pela Editora Três, SP, publicou a coleção *História da República brasileira*, em 21 volumes. Pela Editora Avenir: *Noite de agonia*; pela L&PM Editores, *Memórias: a verdade de um revolucionário* (apresentação do diário do General Olympio Mourão Filho), *O poder civil, O poder militar, 20 anos de golpe militar, Vargas, uma biografia política*, entre muitos outros livros.

No início dos anos 1990, fez voto de pobreza e recolheu-se ao Mosteiro de São Bento no Rio de Janeiro, onde morreu em 21 de fevereiro de 1995.

Hélio Silva atravessou o século, numa longa e profícua vida. Sua obra sobre história do Brasil inclui cerca de 60 livros, sempre com a colaboração de Maria Cecília Ribas Carneiro. Municiado com arquivos importantes, como de

Getúlio Vargas, Oswaldo Aranha, entre muitos outros, Hélio Silva construiu o *Ciclo de Vargas* com a autoridade do testemunho, da proximidade do fato histórico e da sua isenção. Sua obra é fundamental para a compreensão do Brasil do século XX e referência para todas as análises e teses correntes sobre este período.

Os editores, agosto de 2004

Coleção L&PM POCKET (LANÇAMENTOS MAIS RECENTES)

291.**Origens do discurso democrático** – D. Schüler
292.**Humor politicamente incorreto** – Nani
293.**O teatro do bem e do mal** – E. Galeano
294.**Garibaldi & Manoela** – J. Guimarães
295.**10 dias que abalaram o mundo** – John Reed
296.**Numa fria** – Bukowski
297.**Poesia de Florbela Espanca** vol. 1
298.**Poesia de Florbela Espanca** vol. 2
299.**Escreva certo** – E. Oliveira e M. E. Bernd
300.**O vermelho e o negro** – Stendhal
301.**Ecce homo** – Friedrich Nietzsche
302(7).**Comer bem, sem culpa** – Dr. Fernando Lucchese, A. Gourmet e Iotti
303.**O livro de Cesário Verde** – Cesário Verde
305.**100 receitas de macarrão** – S. Lancellotti
306.**160 receitas de molhos** – S. Lancellotti
307.**100 receitas light** – H. e Â. Tonetto
308.**100 receitas de sobremesas** – Celia Ribeiro
309.**Mais de 100 dicas de churrasco** – Leon Diziekaniak
310.**100 receitas de acompanhamentos** – C. Cabeda
311.**Honra ou vendetta** – S. Lancellotti
312.**A alma do homem sob o socialismo** – Oscar Wilde
313.**Tudo sobre Yôga** – Mestre De Rose
314.**Os varões assinalados** – Tabajara Ruas
315.**Édipo em Colono** – Sófocles
316.**Lisístrata** – Aristófanes / trad. Millôr
317.**Sonhos de Bunker Hill** – John Fante
318.**Os deuses de Raquel** – Moacyr Scliar
319.**O colosso de Marússia** – Henry Miller
320.**As eruditas** – Molière / trad. Millôr
321.**Radicci 1** – Iotti
322.**Os Sete contra Tebas** – Ésquilo
323.**Brasil Terra à vista** – Eduardo Bueno
324.**Radicci 2** – Iotti
325.**Júlio César** – William Shakespeare
326.**A carta de Pero Vaz de Caminha**
327.**Cozinha Clássica** – Sílvio Lancellotti
328.**Madame Bovary** – Gustave Flaubert
329.**Dicionário do viajante insólito** – M. Scliar
330.**O capitão saiu para o almoço...** – Bukowski
331.**A carta roubada** – Edgar Allan Poe
332.**É tarde para saber** – Josué Guimarães
333.**O livro de bolso da Astrologia** – Maggy Harrisonx e Mellina Li
334.**1933 foi um ano ruim** – John Fante
335.**100 receitas de arroz** – Aninha Comas
336.**Guia prático do Português correto – vol. 1** – Cláudio Moreno
337.**Bartleby, o escriturário** – H. Melville
338.**Enterrem meu coração na curva do rio** – Dee Brown
339.**Um conto de Natal** – Charles Dickens
340.**Cozinha sem segredos** – J. A. P. Machado
341.**A dama das Camélias** – A. Dumas Filho
342.**Alimentação saudável** – H. e Â. Tonetto
343.**Continhos galantes** – Dalton Trevisan
344.**A Divina Comédia** – Dante Alighieri
345.**A Dupla Sertanojo** – Santiago
346.**Cavalos do amanhecer** – Mario Arregui
347.**Biografia de Vincent van Gogh por sua cunhada** – Jo van Gogh-Bonger
348.**Radicci 3** – Iotti
349.**Nada de novo no front** – E. M. Remarque
350.**A hora dos assassinos** – Henry Miller
351.**Flush – Memórias de um cão** – Virginia Woolf
352.**A guerra no Bom Fim** – M. Scliar
353(1).**O caso Saint-Fiacre** – Simenon
354(2).**Morte na alta sociedade** – Simenon
355(3).**O cão amarelo** – Simenon
356(4).**Maigret e o homem do banco** – Simenon
357.**As uvas e o vento** – Pablo Neruda
358.**On the road** – Jack Kerouac
359.**O coração amarelo** – Pablo Neruda
360.**Livro das perguntas** – Pablo Neruda
361.**Noite de Reis** – William Shakespeare
362.**Manual de Ecologia** – vol.1 – J. Lutzenberger
363.**O mais longo dos dias** – Cornelius Ryan
364.**Foi bom prá você?** – Nani
365.**Crepusculário** – Pablo Neruda
366.**A comédia dos erros** – Shakespeare
367(5).**A primeira investigação de Maigret** – Simenon
368(6).**As férias de Maigret** – Simenon
369.**Mate-me por favor (vol.1)** – L. McNeil
370.**Mate-me por favor (vol.2)** – L. McNeil
371.**Carta ao pai** – Kafka
372.**Os vagabundos iluminados** – J. Kerouac
373(7).**O enforcado** – Simenon
374(8).**A fúria de Maigret** – Simenon
375.**Vargas, uma biografia política** – H. Silva
376.**Poesia reunida (vol.1)** – A. R. de Sant'Anna
377.**Poesia reunida (vol.2)** – A. R. de Sant'Anna
378.**Alice no país do espelho** – Lewis Carroll
379.**Residência na Terra 1** – Pablo Neruda
380.**Residência na Terra 2** – Pablo Neruda
381.**Terceira Residência** – Pablo Neruda
382.**O delírio amoroso** – Bocage
383.**Futebol ao sol e à sombra** – E. Galeano
384(9).**O porto das brumas** – Simenon
385(10).**Maigret e seu morto** – Simenon
386.**Radicci 4** – Iotti
387.**Boas maneiras & sucesso nos negócios** – Celia Ribeiro
388.**Uma história Farroupilha** – M. Scliar
389.**Na mesa ninguém envelhece** – J. A. Pinheiro Machado
390.**200 receitas inéditas do Anonymus Gourmet** – J. A. Pinheiro Machado
391.**Guia prático do Português correto – vol.2** – Cláudio Moreno
392.**Breviário das terras do Brasil** – Assis Brasil
393.**Cantos Cerimoniais** – Pablo Neruda
394.**Jardim de Inverno** – Pablo Neruda
395.**Antonio e Cleópatra** – William Shakespeare
396.**Tróia** – Cláudio Moreno
397.**Meu tio matou um cara** – Jorge Furtado
398.**O anatomista** – Federico Andahazi
399.**As viagens de Gulliver** – Jonathan Swift

400.**Dom Quixote** – (v. 1) – Miguel de Cervantes
401.**Dom Quixote** – (v. 2) – Miguel de Cervantes
402.**Sozinho no Pólo Norte** – Thomaz Brandolin
403.**Matadouro 5** – Kurt Vonnegut
404.**Delta de Vênus** – Anaïs Nin
405.**O melhor de Hagar 2** – Dik Browne
406.**É grave Doutor?** – Nani
407.**Orai pornô** – Nani
408(11).**Maigret em Nova York** – Simenon
409(12).**O assassino sem rosto** – Simenon
410(13).**O mistério das jóias roubadas** – Simenon
411.**A irmãzinha** – Raymond Chandler
412.**Três contos** – Gustave Flaubert
413.**De ratos e homens** – John Steinbeck
414.**Lazarilho de Tormes** – Anônimo do séc. XVI
415.**Triângulo das águas** – Caio Fernando Abreu
416.**100 receitas de carnes** – Sílvio Lancellotti
417.**Histórias de robôs:** vol. 1 – org. Isaac Asimov
418.**Histórias de robôs:** vol. 2 – org. Isaac Asimov
419.**Histórias de robôs:** vol. 3 – org. Isaac Asimov
420.**O país dos centauros** – Tabajara Ruas
421.**A república de Anita** – Tabajara Ruas
422.**A carga dos lanceiros** – Tabajara Ruas
423.**Um amigo de Kafka** – Isaac Singer
424.**As alegres matronas de Windsor** – Shakespeare
425.**Amor e exílio** – Isaac Bashevis Singer
426.**Use & abuse do seu signo** – Marília Fiorillo e Marylou Simonsen
427.**Pigmaleão** – Bernard Shaw
428.**As fenícias** – Eurípides
429.**Everest** – Thomaz Brandolin
430.**A arte de furtar** – Anônimo do séc. XVI
431.**Billy Bud** – Herman Melville
432.**A rosa separada** – Pablo Neruda
433.**Elegia** – Pablo Neruda
434.**A garota de Cassidy** – David Goodis
435.**Como fazer a guerra: máximas de Napoleão** – Balzac
436.**Poemas escolhidos** – Emily Dickinson
437.**Gracias por el fuego** – Mario Benedetti
438.**O sofá** – Crébillon Fils
439.**O "Martín Fierro"** – Jorge Luis Borges
440.**Trabalhos de amor perdidos** – W. Shakespeare
441.**O melhor de Hagar 3** – Dik Browne
442.**Os Maias (volume1)** – Eça de Queiroz
443.**Os Maias (volume2)** – Eça de Queiroz
444.**Anti-Justine** – Restif de La Bretonne
445.**Juventude** – Joseph Conrad
446.**Contos** – Eça de Queiroz
447.**Janela para a morte** – Raymond Chandler
448.**Um amor de Swann** – Marcel Proust
449.**À paz perpétua** – Immanuel Kant
450.**A conquista do México** – Hernan Cortez
451.**Defeitos escolhidos e 2000** – Pablo Neruda
452.**O casamento do céu e do inferno** – William Blake
453.**A primeira viagem ao redor do mundo** – Antonio Pigafetta
454(14).**Uma sombra na janela** – Simenon
455(15).**A noite da encruzilhada** – Simenon
456(16).**A velha senhora** – Simenon
457.**Sartre** – Annie Cohen-Solal
458.**Discurso do método** – René Descartes
459.**Garfield em grande forma (1)** – Jim Davis
460.**Garfield está de dieta** (2) – Jim Davis
461.**O livro das feras** – Patricia Highsmith
462.**Viajante solitário** – Jack Kerouac
463.**Auto da barca do inferno** – Gil Vicente
464.**O livro vermelho dos pensamentos de Millôr** – Millôr Fernandes
465.**O livro dos abraços** – Eduardo Galeano
466.**Voltaremos!** – José Antonio Pinheiro Machado
467.**Rango** – Edgar Vasques
468(8).**Dieta mediterrânea** – Dr. Fernando Lucchese e José Antonio Pinheiro Machado
469.**Radicci 5** – Iotti
470.**Pequenos pássaros** – Anaïs Nin
471.**Guia prático do Português correto – vol.3** – Cláudio Moreno
472.**Atire no pianista** – David Goodis
473.**Antologia Poética** – García Lorca
474.**Alexandre e César** – Plutarco
475.**Uma espiã na casa do amor** – Anaïs Nin
476.**A gorda do Tiki Bar** – Dalton Trevisan
477.**Garfield um gato de peso (3)** – Jim Davis
478.**Canibais** – David Coimbra
479.**A arte de escrever** – Arthur Schopenhauer
480.**Pinóquio** – Carlo Collodi
481.**Misto-quente** – Bukowski
482.**A lua na sarjeta** – David Goodis
483.**O melhor do Recruta Zero (1)** – Mort Walker
484.**Aline: TPM – tensão pré-monstrual (2)** – Adão Iturrusgarai
485.**Sermões do Padre Antonio Vieira**
486.**Garfield numa boa (4)** – Jim Davis
487.**Mensagem** – Fernando Pessoa
488.**Vendeta** *seguido de* **A paz conjugal** – Balzac
489.**Poemas de Alberto Caeiro** – Fernando Pessoa
490.**Ferragus** – Honoré de Balzac
491.**A duquesa de Langeais** – Honoré de Balzac
492.**A menina dos olhos de ouro** – Honoré de Balzac
493.**O lírio do vale** – Honoré de Balzac
494(17).**A barcaça da morte** – Simenon
495(18).**As testemunhas rebeldes** – Simenon
496(19).**Um engano de Maigret** – Simenon
497(1).**A noite das bruxas** – Agatha Christie
498(2).**Um passe de mágica** – Agatha Christie
499(3).**Nêmesis** – Agatha Christie
500.**Esboço para uma teoria das emoções** – Sartre
501.**Renda básica de cidadania** – Eduardo Suplicy
502(1).**Pílulas para viver melhor** – Dr. Lucchese
503(2).**Pílulas para prolongar a juventude** – Dr. Lucchese
504(3).**Desembarcando o diabetes** – Dr. Lucchese
505(4).**Desembarcando o sedentarismo** – Dr. Fernando Lucchese e Cláudio Castro
506(5).**Desembarcando a hipertensão** – Dr. Lucchese
507(6).**Desembarcando o colesterol** – Dr. Fernando Lucchese e Fernanda Lucchese
508.**Estudos de mulher** – Balzac
509.**O terceiro tira** – Flann O'Brien
510.**100 receitas de aves e ovos** – J. A. P. Machado
511.**Garfield em toneladas de diversão** (5) – Jim Davis
512.**Trem-bala** – Martha Medeiros
513.**Os cães ladram** – Truman Capote
514.**O Kama Sutra de Vatsyayana**

15.**O crime do Padre Amaro** – Eça de Queiroz
16.**Odes de Ricardo Reis** – Fernando Pessoa
17.**O inverno da nossa desesperança** – Steinbeck
18.**Piratas do Tietê (1)** – Laerte
19.**Rê Bordosa: do começo ao fim** – Angeli
20.**O Harlem é escuro** – Chester Himes
21.**Café-da-manhã dos campeões** – Kurt Vonnegut
22.**Eugénie Grandet** – Balzac
23.**O último magnata** – F. Scott Fitzgerald
24.**Carol** – Patricia Highsmith
25.**100 receitas de patisseria** – Sílvio Lancellotti
26.**O fator humano** – Graham Greene
27.**Tristessa** – Jack Kerouac
28.**O diamante do tamanho do Ritz** – Scott Fitzgerald
29.**As melhores histórias de Sherlock Holmes** – Arthur Conan Doyle
30.**Cartas a um jovem poeta** – Rilke
31(20).**Memórias de Maigret** – Simenon
32(4).**O misterioso sr. Quin** – Agatha Christie
33.**Os analectos** – Confúcio
34(21).**Maigret e os homens de bem** – Simenon
35(22).**O medo de Maigret** – Simenon
36.**Ascensão e queda de César Birotteau** – Balzac
37.**Sexta-feira negra** – David Goodis
38.**Ora bolas – O humor de Mario Quintana** – Juarez Fonseca
39.**Longe daqui aqui mesmo** – Antonio Bivar
40(5).**É fácil matar** – Agatha Christie
41.**O pai Goriot** – Balzac
42.**Brasil, um país do futuro** – Stefan Zweig
43.**O processo** – Kafka
44.**O melhor de Hagar 4** – Dik Browne
45(6).**Por que não pediram a Evans?** – Agatha Christie
46.**Fanny Hill** – John Cleland
47.**O gato por dentro** – William S. Burroughs
48.**Sobre a brevidade da vida** – Sêneca
49.**Geraldão (1)** – Glauco
50.**Piratas do Tietê (2)** – Laerte
51.**Pagando o pato** – Ciça
52.**Garfield de bom humor (6)** – Jim Davis
53.**Conhece o Mário?** vol.1 – Santiago
54.**Radicci 6** – Iotti
55.**Os subterrâneos** – Jack Kerouac
56(1).**Balzac** – François Taillandier
57(2).**Modigliani** – Christian Parisot
58(3).**Kafka** – Gérard-Georges Lemaire
59(4).**Júlio César** – Joël Schmidt
60.**Receitas da família** – J. A. Pinheiro Machado
61.**Boas maneiras à mesa** – Celia Ribeiro
62(9).**Filhos sadios, pais felizes** – R. Pagnoncelli
63(10).**Fatos & mitos** – Dr. Fernando Lucchese
64.**Ménage à trois** – Paula Taitelbaum
65.**Mulheres!** – David Coimbra
66.**Poemas de Álvaro de Campos** – Fernando Pessoa
67.**Medo e outras histórias** – Stefan Zweig
68.**Snoopy e sua turma (1)** – Schulz
69.**Piadas para sempre (1)** – Visconde da Casa Verde
70.**O alvo móvel** – Ross Macdonald
71.**O melhor do Recruta Zero (2)** – Mort Walker
72.**Um sonho americano** – Norman Mailer
573.**Os broncos também amam** – Angeli
574.**Crônica de um amor louco** – Bukowski
575(5).**Freud** – René Major e Chantal Talagrand
576(6).**Picasso** – Gilles Plazy
577(7).**Gandhi** – Christine Jordis
578.**A tumba** – H. P. Lovecraft
579.**O príncipe e o mendigo** – Mark Twain
580.**Garfield, um charme de gato (7)** – Jim Davis
581.**Ilusões perdidas** – Balzac
582.**Esplendores e misérias das cortesãs** – Balzac
583.**Walter Ego** – Angeli
584.**Striptiras (1)** – Laerte
585.**Fagundes: um puxa-saco de mão cheia** – Laerte
586.**Depois do último trem** – Josué Guimarães
587.**Ricardo III** – Shakespeare
588.**Dona Anja** – Josué Guimarães
589.**24 horas na vida de uma mulher** – Stefan Zweig
590.**O terceiro homem** – Graham Greene
591.**Mulher no escuro** – Dashiell Hammett
592.**No que acredito** – Bertrand Russell
593.**Odisséia (1): Telemaquia** – Homero
594.**O cavalo cego** – Josué Guimarães
595.**Henrique V** – Shakespeare
596.**Fabulário geral do delírio cotidiano** – Bukowski
597.**Tiros na noite 1: A mulher do bandido** – Dashiell Hammett
598.**Snoopy em Feliz Dia dos Namorados! (2)** – Schulz
599.**Mas não se matam cavalos?** – Horace McCoy
600.**Crime e castigo** – Dostoiévski
601(7).**Mistério no Caribe** – Agatha Christie
602.**Odisséia (2): Regresso** – Homero
603.**Piadas para sempre (2)** – Visconde da Casa Verde
604.**À sombra do vulcão** – Malcolm Lowry
605(8).**Kerouac** – Yves Buin
606.**E agora são cinzas** – Angeli
607.**As mil e uma noites** – Paulo Caruso
608.**Um assassino entre nós** – Ruth Rendell
609.**Crack-up** – F. Scott Fitzgerald
610.**Do amor** – Stendhal
611.**Cartas do Yage** – William Burroughs e Allen Ginsberg
612.**Striptiras (2)** – Laerte
613.**Henry & June** – Anaïs Nin
614.**A piscina mortal** – Ross Macdonald
615.**Geraldão (2)** – Glauco
616.**Tempo de delicadeza** – A. R. de Sant'Anna
617.**Tiros na noite 2: Medo de tiro** – Dashiell Hammett
618.**Snoopy em Assim é a vida, Charlie Brown! (3)** – Schulz
619.**1954 – Um tiro no coração** – Hélio Silva
620.**Sobre a inspiração poética (Íon)** e ... – Platão
621.**Garfield e seus amigos (8)** – Jim Davis
622.**Odisséia (3): Ítaca** – Homero
623.**A louca matança** – Chester Himes
624.**Factótum** – Bukowski
625.**Guerra e Paz: volume 1** – Tolstói
626.**Guerra e Paz: volume 2** – Tolstói
627.**Guerra e Paz: volume 3** – Tolstói
628.**Guerra e Paz: volume 4** – Tolstói

629(9).**Shakespeare** – Claude Mourthé
630.**Bem está o que bem acaba** – Shakespeare
631.**O contrato social** – Rousseau
632.**Geração Beat** – Jack Kerouac
633.**Snoopy: É Natal! (4)** – Charles Schulz
634(8).**Testemunha da acusação** – Agatha Christie
635.**Um elefante no caos** – Millôr Fernandes
636.**Guia de leitura (100 autores que você precisa ler)** – Organização de Léa Masina
637.**Pistoleiros também mandam flores** – David Coimbra
638.**O prazer das palavras** – vol. 1 – Cláudio Moreno
639.**O prazer das palavras** – vol. 2 – Cláudio Moreno
640.**Novíssimo testamento: com Deus e o diabo, a dupla da criação** – Iotti
641.**Literatura Brasileira: modos de usar** – Luís Augusto Fischer
642.**Dicionário de Porto-Alegrês** – Luís A. Fischer
643.**Clô Dias & Noites** – Sérgio Jockymann
644.**Memorial de Isla Negra** – Pablo Neruda
645.**Um homem extraordinário e outras histórias** – Tchékhov
646.**Ana sem terra** – Alcy Cheuiche
647.**Adultérios** – Woody Allen
648.**Para sempre ou nunca mais** – R. Chandler
649.**Nosso homem em Havana** – Graham Greene
650.**Dicionário Caldas Aulete de Bolso**
651.**Snoopy: Posso fazer uma pergunta, professora? (5)** – Charles Schulz
652(10).**Luís XVI** – Bernard Vincent
653.**O mercador de Veneza** – Shakespeare
654.**Cancioneiro** – Fernando Pessoa
655.**Non-Stop** – Martha Medeiros
656.**Carpinteiros, levantem bem alto a cumeeira & Seymour, uma apresentação** – J.D.Salinger
657.**Ensaios céticos** – Bertrand Russell
658.**O melhor de Hagar 5** – Dik e Chris Browne
659.**Primeiro amor** – Ivan Turguêniev
660.**A trégua** – Mario Benedetti
661.**Um parque de diversões da cabeça** – Lawrence Ferlinghetti
662.**Aprendendo a viver** – Sêneca
663.**Garfield, um gato em apuros (9)** – Jim Davis
664.**Dilbert 1** – Scott Adams
665.**Dicionário de dificuldades** – Domingos Paschoal Cegalla
666.**A imaginação** – Jean-Paul Sartre
667.**O ladrão e os cães** – Naguib Mahfuz
668.**Gramática do português contemporâneo** – Celso Cunha
669.**A volta do parafuso** *seguido de* **Daisy Miller** – Henry James
670.**Notas do subsolo** – Dostoiévski
671.**Abobrinhas da Brasilônia** – Glauco
672.**Geraldão (3)** – Glauco
673.**Piadas para sempre (3)** – Visconde da Casa Verde
674.**Duas viagens ao Brasil** – Hans Staden
675.**Bandeira de bolso** – Manuel Bandeira
676.**A arte da guerra** – Maquiavel
677.**Além do bem e do mal** – Nietzsche
678.**O coronel Chabert** *seguido de* **A mulher abandonada** – Balzac
679.**O sorriso de marfim** – Ross Macdonald
680.**100 receitas de pescados** – Sílvio Lancellotti
681.**O juiz e seu carrasco** – Friedrich Dürrenmatt
682.**Noites brancas** – Dostoiévski
683.**Quadras ao gosto popular** – Fernando Pessoa
684.**Romanceiro da Inconfidência** – Cecília Meireles
685.**Kaos** – Millôr Fernandes
686.**A pele de onagro** – Balzac
687.**As ligações perigosas** – Choderlos de Laclos
688.**Dicionário de matemática** – Luiz Fernandes Cardoso
689.**Os Lusíadas** – Luís Vaz de Camões
690(11).**Átila** – Éric Deschodt
691.**Um jeito tranqüilo de matar** – Chester Himes
692.**A felicidade conjugal** *seguido de* **O diabo** – Tolstói
693.**Viagem de um naturalista ao redor do mundo** – vol. 1 – Charles Darwin
694.**Viagem de um naturalista ao redor do mundo** – vol. 2 – Charles Darwin
695.**Memórias da casa dos mortos** – Dostoiévski
696.**A Celestina** – Fernando de Rojas
697.**Snoopy: Como você é azarado, Charlie Brown (6)** – Charles Schulz
698.**Dez (quase) amores** – Claudia Tajes
699(9).**Poirot sempre espera** – Agatha Christie
700.**Cecília de bolso** – Cecília Meireles
701.**Apologia de Sócrates** *precedido de* **Êutifron** *seguido de* **Críton** – Platão
702.**Wood & Stock** – Angeli
703.**Striptiras (3)** – Laerte
704.**Discurso sobre a origem e os fundamentos da desigualdade entre os homens** – Rousseau
705.**Os duelistas** – Joseph Conrad
706.**Dilbert (2)** – Scott Adams
707.**Viver e escrever** (vol. 1) – Edla van Steen
708.**Viver e escrever** (vol. 2) – Edla van Steen
709.**Viver e escrever** (vol. 3) – Edla van Steen
710(10).**A teia da aranha** – Agatha Christie
711.**O banquete** – Platão
712.**Os belos e malditos** – F. Scott Fitzgerald
713.**Libelo contra a arte moderna** – Salvador Dalí
714.**Akropolis** – Valerio Massimo Manfredi
715.**Devoradores de mortos** – Michael Crichton
716.**Sob o sol da Toscana** – Frances Mayes
717.**Batom na cueca** – Nani
718.**Vida dura** – Claudia Tajes
719.**Carne trêmula** – Ruth Rendell
720.**Cris, a fera** – David Coimbra
721.**O anticristo** – Nietzsche
722.**Como um romance** – Daniel Pennac
723.**Emboscada no Forte Bragg** – Tom Wolfe
724.**Assédio sexual** – Michael Crichton
725.**O espírito do Zen** – Alan W.Watts
726.**Um bonde chamado desejo** – Tennessee Williams
727.**Como gostais** *seguido de* **Conto de inverno** – Shakespeare
728.**Tratado sobre a tolerância** – Voltaire
729.**Snoopy: Doces ou travessuras? (7)** – Charles Schulz
730.**Cardápios do Anonymus Gourmet** – J.A. Pinheiro Machado

731.**100 receitas com lata** – J.A. Pinheiro Machado
732.**Conhece o Mário?** vol.2 – Santiago
733.**Dilbert (3)** – Scott Adams
734.**História de um louco amor** *seguido de* **Passado amor** – Horacio Quiroga
735(11).**Sexo: muito prazer** – Laura Meyer da Silva
736(12).**Para entender o adolescente** – Dr. Ronald Pagnoncelli
737(13).**Desembarcando a tristeza** – Dr. Fernando Lucchese
738.**Poirot e o mistério da arca espanhola & outras histórias** – Agatha Christie
739.**A última legião** – Valerio Massimo Manfredi
740.**As virgens suicidas** – Jeffrey Eugenides
741.**Sol nascente** – Michael Crichton
742.**Duzentos ladrões** – Dalton Trevisan
743.**Os devaneios do caminhante solitário** – Rousseau
744.**Garfield, o rei da preguiça (10)** – Jim Davis
745.**Os magnatas** – Charles R. Morris
746.**Pulp** – Charles Bukowski
747.**Enquanto agonizo** – William Faulkner
748.**Aline: viciada em sexo (3)** – Adão Iturrusgarai
749.**A dama do cachorrinho** – Anton Tchékhov
750.**Tito Andrônico** – Shakespeare
751.**Antologia poética** – Anna Akhmátova
752.**O melhor de Hagar 6** – Dik e Chris Browne
753(12).**Michelangelo** – Nadine Sautel
754.**Dilbert (4)** – Scott Adams
755.**O jardim das cerejeiras** *seguido de* **Tio Vânia** – Tchékhov
756.**Geração Beat** – Claudio Willer
757.**Santos Dumont** – Alcy Cheuiche
758.**Budismo** – Claude B. Levenson
759.**Cleópatra** – Christian-Georges Schwentzel
760.**Revolução Francesa** – Frédéric Bluche, Stéphane Rials e Jean Tulard
761.**A crise de 1929** – Bernard Gazier
762.**Sigmund Freud** – Edson Sousa e Paulo Endo
763.**Império Romano** – Patrick Le Roux
764.**Cruzadas** – Cécile Morrisson
765.**O mistério do Trem Azul** – Agatha Christie
766.**Os escrúpulos de Maigret** – Simenon
767.**Maigret se diverte** – Simenon
768.**Senso comum** – Thomas Paine
769.**O parque dos dinossauros** – Michael Crichton
770.**Trilogia da paixão** – Goethe
771.**A simples arte de matar** (vol.1) – R. Chandler
772.**A simples arte de matar** (vol.2) – R. Chandler
773.**Snoopy: No mundo da lua! (8)** – Charles Schulz
774.**Os Quatro Grandes** – Agatha Christie
775.**Um brinde de cianureto** – Agatha Christie
776.**Súplicas atendidas** – Truman Capote
777.**Ainda restam aveleiras** – Simenon
778.**Maigret e o ladrão preguiçoso** – Simenon
779.**A viúva imortal** – Millôr Fernandes
780.**Cabala** – Roland Goetschel
781.**Capitalismo** – Claude Jessua
782.**Mitologia grega** – Pierre Grimal
783.**Economia: 100 palavras-chave** – Jean-Paul Betbèze
784.**Marxismo** – Henri Lefebvre
785.**Punição para a inocência** – Agatha Christie
786.**A extravagância do morto** – Agatha Christie
787(13).**Cézanne** – Bernard Fauconnier
788.**A identidade Bourne** – Robert Ludlum
789.**Da tranquilidade da alma** – Sêneca
790.**Um artista da fome** *seguido de* **Na colônia penal e outras histórias** – Kafka
791.**Histórias de fantasmas** – Charles Dickens
792.**A louca de Maigret** – Simenon
793.**O amigo de infância de Maigret** – Simenon
794.**O revólver de Maigret** – Simenon
795.**A fuga do sr. Monde** – Simenon
796.**O Uraguai** – Basílio da Gama
797.**A mão misteriosa** – Agatha Christie
798.**Testemunha ocular do crime** – Agatha Christie
799.**Crepúsculo dos ídolos** – Friedrich Nietzsche
800.**Maigret e o negociante de vinhos** – Simemon
801.**Maigret e o mendigo** – Simenon
802.**O grande golpe** – Dashiell Hammett
803.**Humor barra pesada** – Nani
804.**Vinho** – Jean-François Gautier
805.**Egito Antigo** – Sophie Desplancques
806(14).**Baudelaire** – Jean-Baptiste Baronian
807.**Caminho da sabedoria, caminho da paz** – Dalai Lama e Felizitas von Schönborn
808.**Senhor e servo e outras histórias** – Tolstói
809.**Os cadernos de Malte Laurids Brigge** – Rilke
810.**Dilbert (5)** – Scott Adams
811.**Big Sur** – Jack Kerouac
812.**Seguindo a correnteza** – Agatha Christie
813.**O álibi** – Sandra Brown
814.**Montanha-russa** – Martha Medeiros
815.**Coisas da vida** – Martha Medeiros
816.**A cantada infalível** *seguido de* **A mulher do centroavante** – David Coimbra
817.**Maigret e os crimes do cais** – Simenon
818.**Sinal vermelho** – Simenon
819.**Snoopy: Pausa para a soneca (9)** – Charles Schulz
820.**De pernas pro ar** – Eduardo Galeano
821.**Tragédias gregas** – Pascal Thiercy
822.**Existencialismo** – Jacques Colette
823.**Nietzsche** – Jean Granier
824.**Amar ou depender?** – Walter Riso
825.**Darmapada: A doutrina budista em versos**
826.**J'Accuse...! – a verdade em marcha** – Zola
827.**Os crimes ABC** – Agatha Christie
828.**Um gato entre os pombos** – Agatha Christie
829.**Maigret e o sumiço do sr. Charles** – Simenon
830.**Maigret e a morte do jogador** – Simenon
831.**Dicionário de teatro** – Luiz Paulo Vasconcellos
832.**Cartas extraviadas** – Martha Medeiros
833.**A longa viagem de prazer** – J. J. Morosoli
834.**Receitas fáceis** – J. A. Pinheiro Machado
835.(14).**Mais fatos & mitos** – Dr. Fernando Lucchese
836.(15).**Boa viagem!** – Dr. Fernando Lucchese
837.**Aline: Finalmente nua!!!** (4) – Adão Iturrusgarai
838.**Mônica tem uma novidade!** – Mauricio de Sousa
839.**Cebolinha em apuros!** – Mauricio de Sousa
840.**Sócios no crime** – Agatha Christie
841.**Bocas do tempo** – Eduardo Galeano
842.**Orgulho e preconceito** – Jane Austen
843.**Impressionismo** – Dominique Lobstein
844.**Escrita chinesa** – Viviane Alleton

845.**Paris: uma história** – Yvan Combeau
846(15).**Van Gogh** – David Haziot
847.**Maigret e o corpo sem cabeça** – Simenon
848.**Portal do destino** – Agatha Christie
849.**O futuro de uma ilusão** – Freud
850.**O mal-estar na cultura** – Freud
851.**Maigret e o matador** – Simenon
852.**Maigret e o fantasma** – Simenon
853.**Um crime adormecido** – Agatha Christie
854.**Satori em Paris** – Jack Kerouac
855.**Medo e delírio em Las Vegas** – Hunter Thompson
856.**Um negócio fracassado e outros contos de humor** – Tchékhov
857.**Mônica está de férias!** – Mauricio de Sousa
858.**De quem é esse coelho?** – Mauricio de Sousa
859.**O burgomestre de Furnes** – Simenon
860.**O mistério Sittaford** – Agatha Christie
861.**Manhã transfigurada** – Luiz Antonio de Assis Brasil
862.**Alexandre, o Grande** – Pierre Briant
863.**Jesus** – Charles Perrot
864.**Islã** – Paul Balta
865.**Guerra da Secessão** – Farid Ameur
866.**Um rio que vem da Grécia** – Cláudio Moreno
867.**Maigret e os colegas americanos** – Simenon
868.**Assassinato na casa do pastor** – Agatha Christie
869.**Manual do líder** – Napoleão Bonaparte
870(16).**Billie Holiday** – Sylvia Fol
871.**Bidu arrasando!** – Mauricio de Sousa
872.**Desventuras em família** – Mauricio de Sousa
873.**Liberty Bar** – Simenon
874.**E no final a morte** – Agatha Christie
875.**Guia prático do Português correto – vol. 4** – Cláudio Moreno
876.**Dilbert (6)** – Scott Adams
877(17).**Leonardo da Vinci** – Sophie Chauveau
878.**Bella Toscana** – Frances Mayes
879.**A arte da ficção** – David Lodge
880.**Striptiras (4)** – Laerte
881.**Skrotinhos** – Angeli
882.**Depois do funeral** – Agatha Christie
883.**Radicci 7** – Iotti
884.**Walden** – H. D. Thoreau
885.**Lincoln** – Allen C. Guelzo
886.**Primeira Guerra Mundial** – Michael Howard
887.**A linha de sombra** – Joseph Conrad
888.**O amor é um cão dos diabos** – Bukowski
889.**Maigret sai em viagem** – Simenon
890.**Despertar: uma vida de Buda** – Jack Kerouac
891(18).**Albert Einstein** – Laurent Seksik
892.**Hell's Angels** – Hunter Thompson
893.**Ausência na primavera** – Agatha Christie
894.**Dilbert (7)** – Scott Adams
895.**Ao sul de lugar nenhum** – Bukowski
896.**Maquiavel** – Quentin Skinner
897.**Sócrates** – C.C.W. Taylor
898.**A casa do canal** – Simenon
899.**O Natal de Poirot** – Agatha Christie
900.**As veias abertas da América Latina** – Eduardo Galeano
901.**Snoopy: Sempre alerta! (10)** – Charles Schulz
902.**Chico Bento: Plantando confusão** – Mauricio de Sousa
903.**Penadinho: Quem é morto sempre aparece** – Mauricio de Sousa
904.**A vida sexual da mulher feia** – Claudia Tajes
905.**100 segredos de liquidificador** – José Antonio Pinheiro Machado
906.**Sexo muito prazer 2** – Laura Meyer da Silva
907.**Os nascimentos** – Eduardo Galeano
908.**As caras e as máscaras** – Eduardo Galeano
909.**O século do vento** – Eduardo Galeano
910.**Poirot perde uma cliente** – Agatha Christie
911.**Cérebro** – Michael O'Shea
912.**O escaravelho de ouro e outras histórias** – Edgar Allan Poe
913.**Piadas para sempre (4)** – Visconde da Casa Verde
914.**100 receitas de massas light** – Helena Tonetto
915(19).**Oscar Wilde** – Daniel Salvatore Schiffer
916.**Uma breve história do mundo** – H. G. Wells
917.**A Casa do Penhasco** – Agatha Christie
918.**Maigret e o finado sr. Gallet** – Simenon
919.**John M. Keynes** – Bernard Gazier
920(20).**Virginia Woolf** – Alexandra Lemasson
921.**Peter e Wendy** *seguido de* **Peter Pan em Kensington Gardens** – J. M. Barrie
922.**Aline: numas de colegial (5)** – Adão Iturrusgarai
923.**Uma dose mortal** – Agatha Christie
924.**Os trabalhos de Hércules** – Agatha Christie
925.**Maigret na escola** – Simenon
926.**Kant** – Roger Scruton
927.**A inocência do Padre Brown** – G.K. Chesterton
928.**Casa Velha** – Machado de Assis
929.**Marcas de nascença** – Nancy Huston
930.**Aulete de bolso**
931.**Hora Zero** – Agatha Christie
932.**Morte na Mesopotâmia** – Agatha Christie
933.**Um crime na Holanda** – Simenon
934.**Nem te conto, João** – Dalton Trevisan
935.**As aventuras de Huckleberry Finn** – Mark Twain
936(21).**Marilyn Monroe** – Anne Plantagenet
937.**China moderna** – Rana Mitter
938.**Dinossauros** – David Norman
939.**Louca por homem** – Claudia Tajes
940.**Amores de alto risco** – Walter Riso
941.**Jogo de damas** – David Coimbra
942.**Filha é filha** – Agatha Christie
943.**M ou N?** – Agatha Christie
944.**Maigret se defende** – Simenon
945.**Bidu: diversão em dobro!** – Mauricio de Sousa
946.**Fogo** – Anaïs Nin
947.**Rum: diário de um jornalista bêbado** – Hunter Thompson
948.**Persuasão** – Jane Austen
949.**Lágrimas na chuva** – Sergio Faraco
950.**Mulheres** – Bukowski
951.**Um pressentimento funesto** – Agatha Christie
952.**Cartas na mesa** – Agatha Christie
953.**Maigret em Vichy** – Simenon
954.**O lobo do mar** – Jack London
955.**Os gatos** – Patricia Highsmith
956.**Jesus** – Christiane Rancé
957.**História da medicina** – William Bynum
958.**O morro dos ventos uivantes** – Emily Brontë
959.**A filosofia na era trágica dos gregos** – Nietzsche
960.**Os treze problemas** – Agatha Christie

IMPRESSÃO:

GRÁFICA EDITORA
Pallotti
IMAGEM DE QUALIDADE

Santa Maria - RS - Fone/Fax: (55) 3220.4500
www.pallotti.com.br